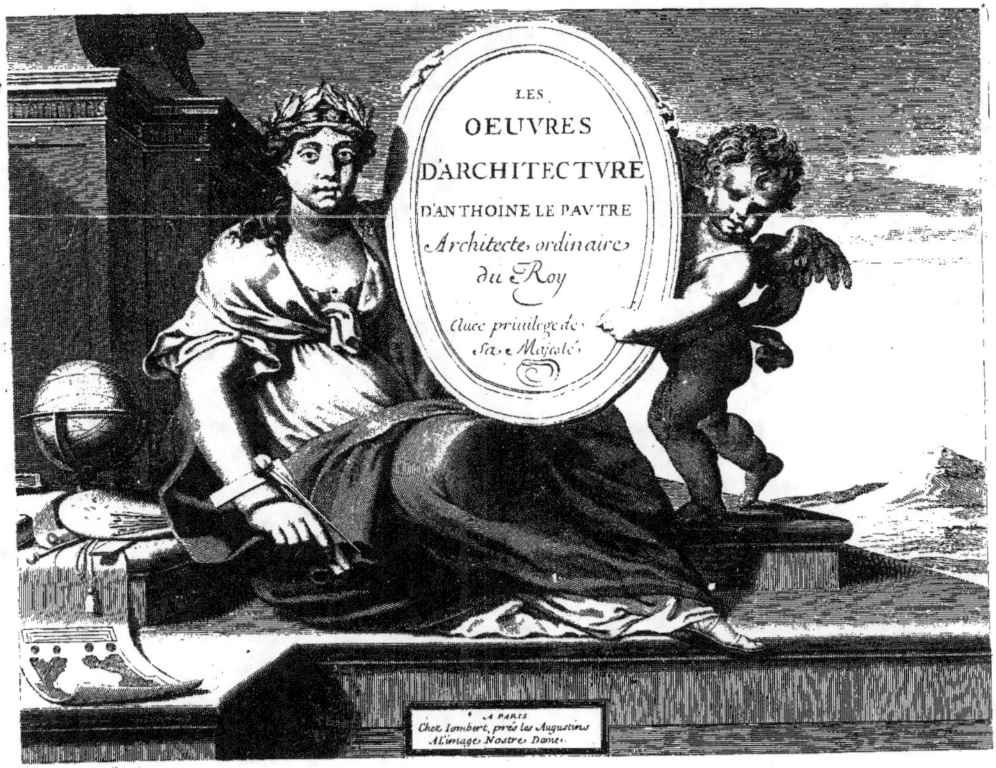

LES
OEUVRES
D'ARCHITECTVRE
D'ANTHOINE LE PAVTRE
Architecte ordinaire
du Roy

Auec priuilege de
Sa Majesté

A PARIS
Chez Iombert, prés les Augustins
A L'image Nostre Dame.

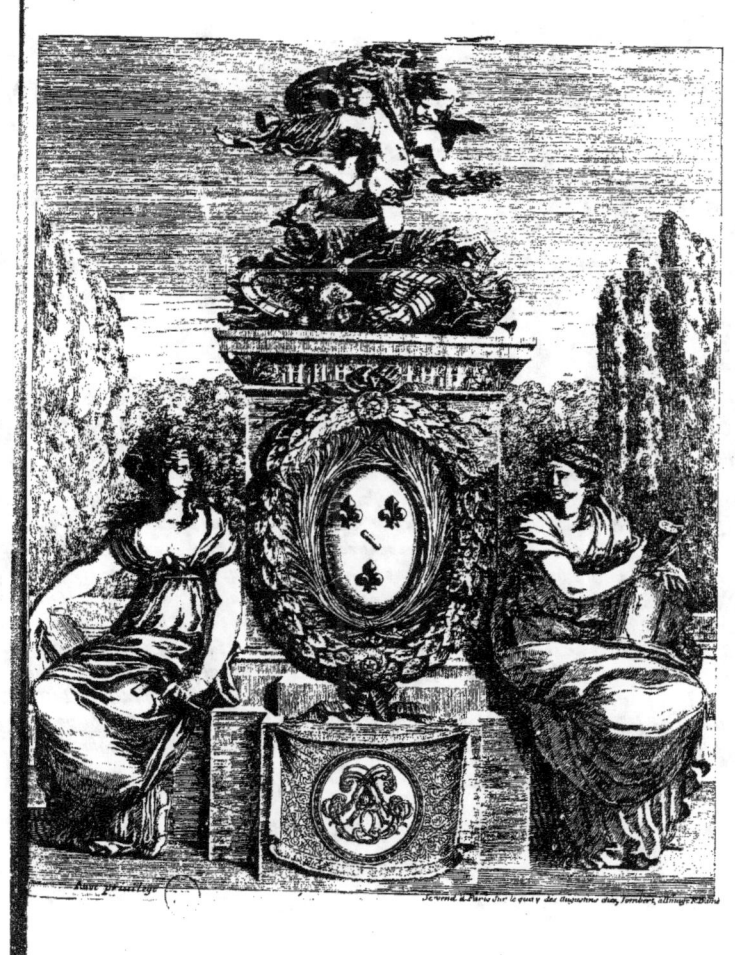

Raux Direx‸‸ige (‸‸)   Se vend, à Paris Sur le quay des Augustins chez Jombert, attinger R.Bello

A SON ALTESSE SERENISSIME
MONSEIGNEUR
LE PRINCE DE CONTY.

ONSEIGNEUR,

Le temps de la Paix estant celuy des Arts & des Sciences, j'ose presenter à Vôtre ALTESSE SERENISSIME, *les Oeuvres d'Architecture que le Sieur le Paultre nous a laissés. Si l'on fait justice au merite de l'Auteur, elles dureront autant que les Edifices de la vieille Rome, que l'on grave & que l'on admire aujourd'huy. Mais comme les noms des Pompées & des Trajans que l'on y voit encore paroistre, n'ont pas moins contribué à les faire durer que la beauté de leur structure: l'ay crû que le meilleur moyen de conserver les Ouvrages de ce fameux Architecte jusque dans la posterité la plus éloignée, estoit de mettre à leur teste un grand nom. Où pourroit-on,* MONSEIGNEVR, *en trouver un plus grand que le Vôtre qui regne depuis tant de siècles sur le premier Trône de l'Europe, qui dans le comble de puissance où il est maintenant ne sçauroit plus finir qu'avec le monde. Vous auriez combatu pour ce Trône, si vous eussiez esté dans un âge où l'on eut pû vous le permettre, & vous auriez partagé les perils de la derniere guerre avec les Princes de Vôtre auguste Nom, qui s'y sont signalez par des prodiges de valeur & de sagesse. Mais pendant que ces Heros soûtenoient sur la Meuse, sur l'Escault & sur le Rhin, l'heureuse destinée de la France, & qu'ils y faisoient de leur sang une seconde semence de Lauriers, la Nature & la Grace travailloient à prevenir les temps en vôtre faveur, & à vous enrichir de toutes les qualitez qui rendent un Prince accomply; elles formoient ces vives & solides lumieres, cette bonté, cette moderation, cette grandeur d'ame, & cette justice, qui regnent dans toutes les actions de Vostre* ALTESSE SERENISSIME. *Vostre modestie,* MONSEIGNEVR, *& ma foiblesse m'imposent silence, & c'est assez pour moy d'esperer que les belles idées que ce Livre fournira pour les Monumens publics que l'on consacrera un jour à vostre gloire, seront des marques eternelles du profond respect avec lequel je suis,*

MONSEIGNEVR,

DE VOSTRE ALTESSE SERENISSIME,

Le tres-humble & tres-obeissant
serviteur, JOMBERT.

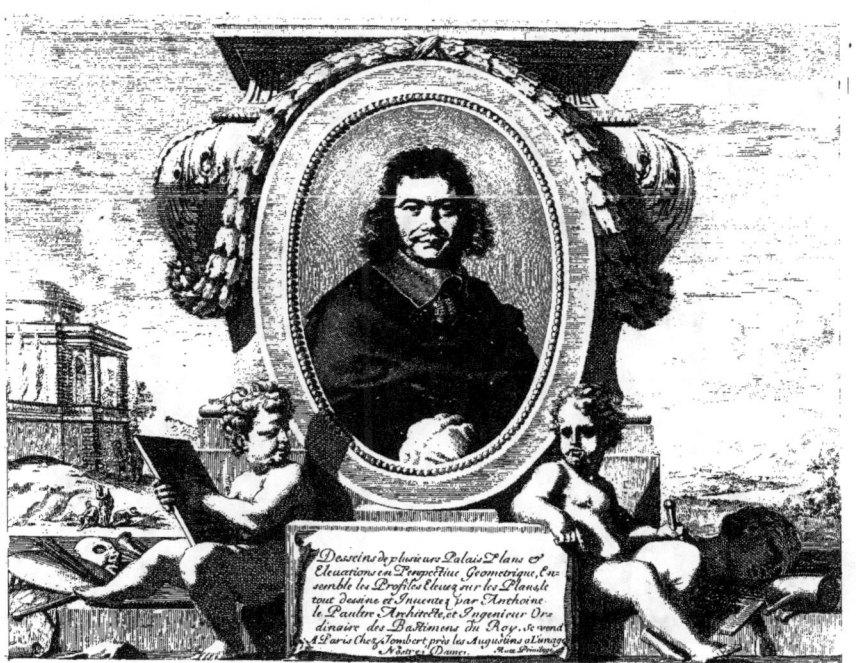

Desseins de plusieurs Palais, Plans &
Eleuations en Perspectiue, Geometrique, Ensemble les Profils Eleuez sur les Plans, le
tout desseiné et Inuenté par Anthoine
le Paultre Architecte, et Ingenieur Ordinaire des Bastimens du Roy. se vend
A Paris Chez Iombert près les Augustins a l'image
Nostre Dame.

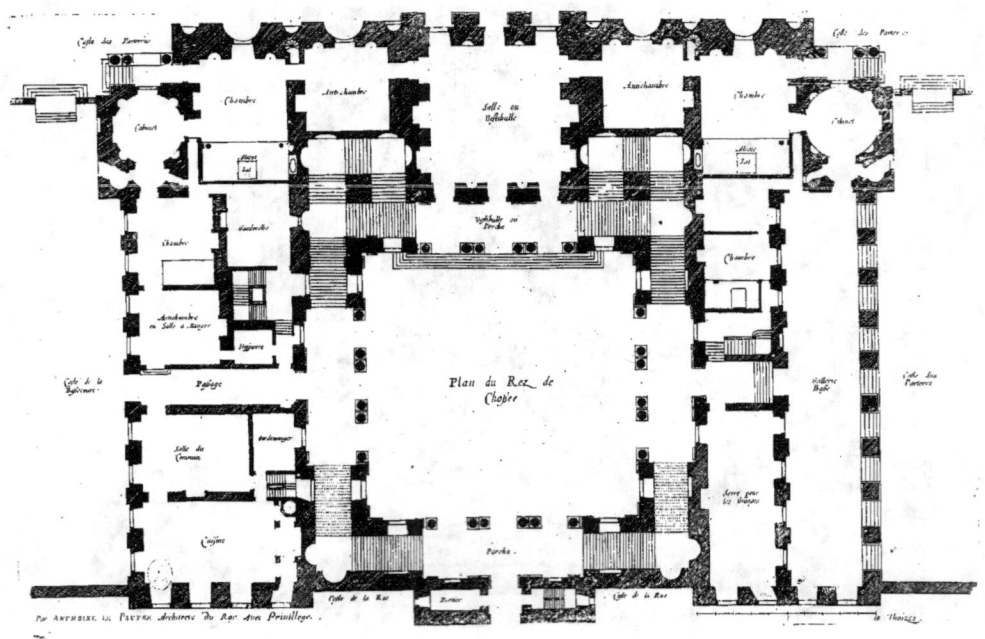

Plan du Rez de Chaßée

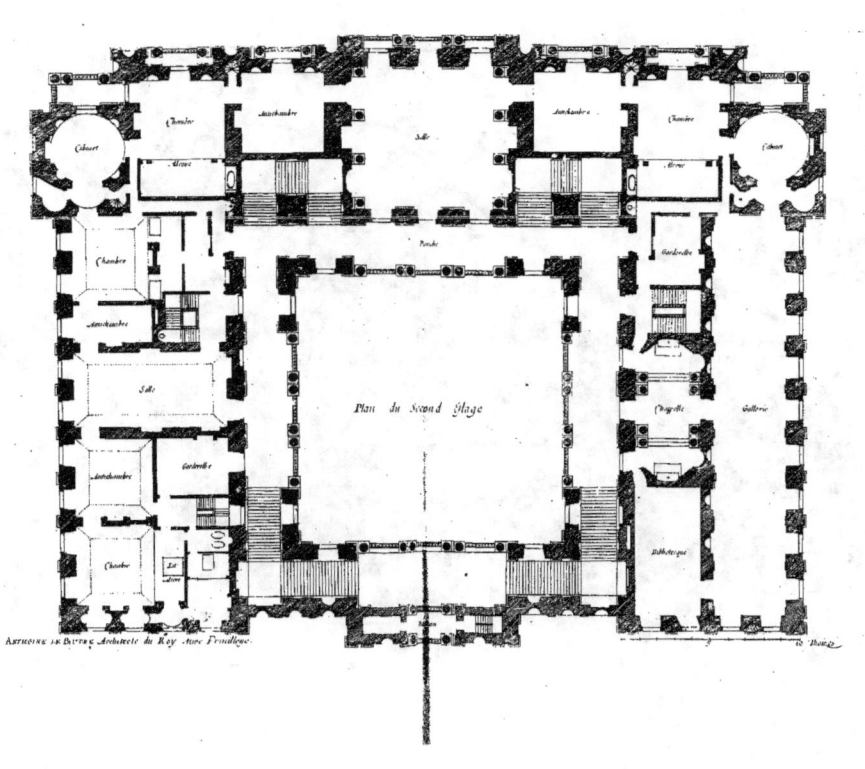

Plan du Second Etage

Par Antoine le Pautre Architecte du Roy Mtre Frisillieuse.

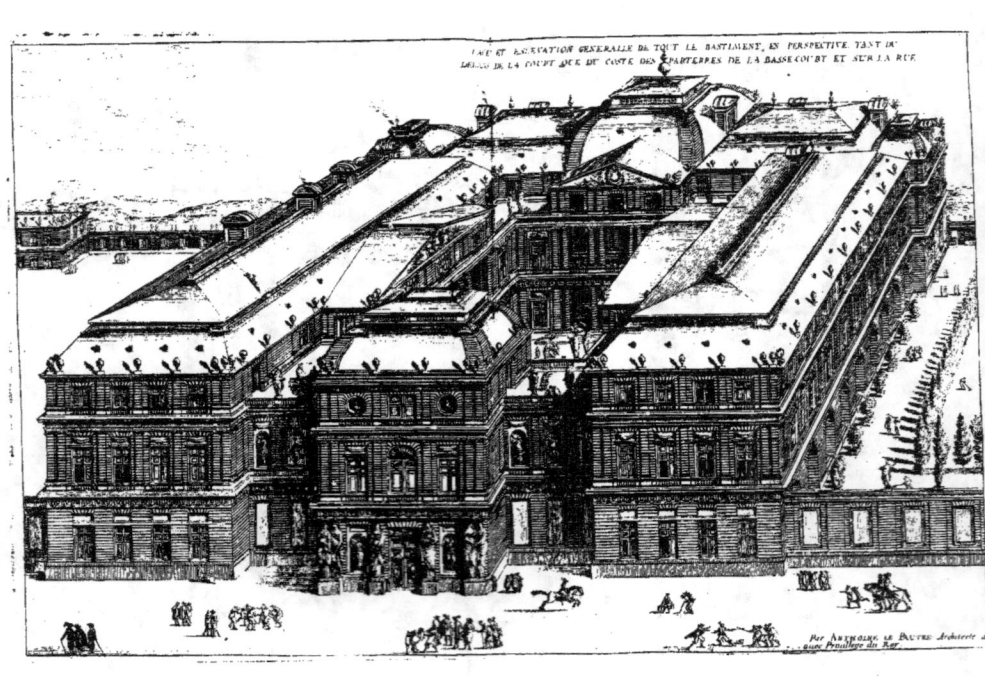

VEUE ET ELEVATION GENERALLE DE TOUT LE BASTIMENT, EN PERSPECTIVE TANT DU
COSTÉ DE LA COURT QUE DU COSTÉ DES PARTERRES DE LA BASSE COURT ET SUR LA RUE

Par ANTHOINE LE PAUTRE Architecte du
Roy avec Priuilege du Roy.

DISCOURS PREMIER.

L E premier Edifice paroift plûtoft une Maifon de plaifance tres-magnifique qu'un Palais pour la ville. Il eft reprefenté dans cinq Planches qui font le Plan du rez de chauffée ; celuy du premier étage une Elevation en perfpective de tout le bâtiment, un Profil fur la longueur, & la face qui regarde le Parterre.

Sa fituation feroit plus avantageufe dans une plaine que fur le penchant d'une coline, à caufe de la grandeur du terrain qu'il faudroit pour le conftruire, & des cours & avenuës qui en dépendroient. Toute la maffe en eft extrémement forte, & capable de quantité de pieces, puifque les aifles font auffi profondes que le vuide qu'elles enferment ; fon Plan eftant regulier l'Architecte y a obfervé la parité des appartemens, de forte qu'on y remarque la mefme diftribution dans le logement du cofté du jardin qui eft fepare & communiqué par un grand veftibule de huit toifes de profondeur fur fept & demy de largeur : Pour les aifles elles font differentes, parce que la gauche qui regarde un parterre a une gallerie baffe de vingt-trois toifes de longueur fur quatre de largeur, & une Orangerie de dix toifes fur vingt-deux pieds. Quant à la droite, elle eft occupée par les pieces neceffaires pour le fervice d'une maifon de cette confequence, & d'un grand paffage qui donne entrée aux caroffes dans la baffe cour où font les écuries & remifes ; la cour paroift petite à proportion de l'Edifice, mais eftant pour la campagne, elle en eft plus fraiche. Toutefois dans fon reduit elle eft plus fupportable que celle du Palais Farnefe à Rome, puifque celle-cy n'a que treize toifes en quarré fur quinze ou feize d'exhauffement, & celle-la en a quinze de largeur fur douze & demi de hauteur, fans y comprendre les combles qui pourroient eftre plus bas, fans que cela en diminuaft la proportion. Scamozzi & Palladio n'en rapportent pas de fi grandes pour des baftimens plûs élevez, parce que c'eft l'ufage en Italie, où l'ardeur du Soleil eft plus violente qu'en France ; toutefois il eft meilleur lors qu'on n'eft point engagé dans une fituation bornée de faire que la cour ait en largeur le double de la hauteur de l'Edifice, afin de joüir plus facilement de la veuë des Façades ; car lors qu'on eft au milieu, & qu'il y a autant de diftance du point où l'on eft que le baftiment a de hauteur, c'eft le plus agreable afpect, & qui fait que les Corniches ne paroiffent pas trop faillantes, & il ne faut pas fortir d'une mefme place pour admirer tant le tout que les parties de quelque fuperbe Maifon. Les Portiques qui font à l'entour de cette cour en augmentent l'efpace, ayant

A

environ feize pieds de largeur ; mais ils ne regnent pas, parce que quatre efcaliers en empefchent la communication. L'Architecte n'a point affecté d'en faire un grand, puis qu'ils font égaux, ayant douze pieds de marche, ceux de devant conduifent par deux rampes aux premier étage, & le Portique y eft encore interrompu dans les deux coïns, mais les autres mennent au palier angulaire par deux rampes égalles, dont en fuite on en monte trois qui font autour d'un maffif pour arriver au Portique du premier étage qui regne par trois coftez. Il n'y a pas d'aparence que l'Architecte eut executé les deux efcaliers fur le devant, eftant du tout inutils, n'y ayant point d'appartement confiderable, & qui ne puiffe avoir fa communication par les Portiques qui font faits pour cet effet ; toutesfois fi les Portiques doivent eftre mis en ufage, il eft befoin que la cour foit grande, dautant qu'ils empefcheroient que la lumiere ne s'introduifit dans les appartemens doubles, où il arrive qu'une piece vient à eftre engagée entre une autre piece & le Portique, & deftituée du jour qui luy eft neceffaire, comme il y en a dans le Palais Farnefe, qui femblent pluftoft les chambres d'une prifon que du plus magnifique Hoftel de Rome, en forte que l'on peut dire que fi les Portiques, (que les Italiens appellent Loges⁵) contribuent à l'ornement d'un baftiment, ils luy apportent beaucoup d'incommodité, particulierement s'ils font profonds & que les Arcades en foient baffes; car c'eft alors qu'ils n'ont pas mefme le jour qui leur eft neceffaire, bien loin d'en donner aux pieces qui leurs font adoffez. Cependant lors que ce ne font pas des jambages mais des colonnes, comme au Palais Borgheze & à la Chancellerie de Rome, outre que cette maniere eft plus agreable à la veüe, la lumiere y entre avec plus de facilité. Il feroit à fouhaiter que les Colonnes fuffent éloignées d'une égale diftance, parce qu'eftant accouplées outre qu'elles oftent le jour, elles ne font pas un fi bon effet, & ce qui peut excufer cette difpofition ce font les croifées & la porte devant qui elles font, eftant plus difficile lors que l'on a des jours à conferver de les difpofer autrement que devant un temple où il n'y a qu'un mur fans autre ouverture que la porte ; & qui plus eft l'avant-corps qu'elles portent au deffus duquel eft un attique demande plus de folidité que fi elles ne portoient qu'une baluftrade.

Pour ce qui eft de l'Acouplement des Colonnes, il n'y a prefque d'autre exemple dans l'Antique que les Temples de Scifi & de Trevi que rapporte Palladio, qui ne font pas de grande confideration ; mais les Modernes en ont tellement introduit l'ufage, mefme dans les plus beaux ouvrages de noftre temps, que fi cela paroift tolerable, l'accouftumance y aura plus de part que la raifon ; & il y a tant de chofes à dire, foit pour établir ou pour détruire cette difpofition d'Ordonnance, qu'il en faut laiffer agiter la queftion aux Maiftres de l'Art qui s'accorderont difficilement fur ce fujet, & particulierement ceux dont la capacité eft fondée fur la connoiffance de l'Antiquité.

Le premier ordre de ce Palais eft dorique, & qui paroift eftre diftribué felon la regle qui en eft inviolable, & qui en fait la plus grande beauté, excepté lorfque les Colonnes font accouplées, parce que l'on tombe dans l'un des deux inconveniens, ou du Portail de l'Eglife de faint Gervais, ou de celuy des Peres Minimes, qui avec ces deffauts ne laissent pas d'estre les chefs-d'œuvres de deux des plus grands Architectes de nostre siecle. Les Bossages qui revestissent les Colonnes sont pour les rendre plus rustiques, & il est à craindre, que pour vouloir donner un caractere à un bastiment, on en oste la regularité; c'est à dire qu'en le voulant rendre rustique il ne le soit trop, & semble estre plûtost fait par hazard qu'avec la propreté qui vient du soin laborieux de ceux qui le conduisent; de sorte que si les Bossages apportent de la varieté dans la decoration des Façades, ils ne conviennent gueres lors que l'on fait des Ordres que l'on pretend soumettre aux regles de l'Art; & quand il y en a autour des Colonnes & sur les murs, comme au Palais de Luxembourg, il y en a trop, puisque les Pilastres ne détachent pas du fonds sur lequel ils sont appliquez, ceux qui s'en servent apportent la mesme raison que Philbert de Lorme, quand ils disent, que c'est pour cacher les joints des Pierres, & c'est ce qui les fait paroistre plus sensibles; enfin il y a peu d'exemples où les Anciens l'ayent pratiqué, & les costez du Temple d'Antonin & de Faustine, & le fonds du portique du Temple de Mars le Vengeur ou les Bossages ne sont que pour revestir un mur, ny ayant point de Pilastres sont les plus autentiques pour les authoriser. Ce qu'il y a de plus remarquable dans le second Ordre qui est Ionique, sont les appuis des Balustrades qui ne retournent point sur le zocle pour former un Pedestail.

Pour les Appartements du premier étage, ils sont à plomb sur ceux du rez de chaussée, excepté la Biblioteque, qui n'ayant que sept toises est plus courte que l'Orangerie; & la Chapelle qui la suit occupe la largeur du Portique lateral; elle est ornée de Colonnes du mesme diamettre que l'Ionique, & n'a point d'Autel principal, en ayant deux égaux & respectifs. Il semble que les Colonnes diminuent la capacité du lieu, & c'est le deffaut qui se rencontre lors qu'on les employe dans les Temples qui ne sont pas d'une grandeur considerable, comme est celuy de la Paix à Rome, où il y en avoit; & si elles ont jamais bien reüssi, c'est dans le Pantheon, où elles portent l'Entablement qui regne autour, sans interrompre l'espace de ce grand vuide; mais il n'en est pas de mesme des Modernes qui les ont pratiquées dans leurs Eglises, puisque celle de sainte Marie in Campitelli à Rome, seroit moins deffectueuse s'il y en avoit moins, ou point du tout, & le Cavalier Rainaldi pouvoit se dispenser d'une dépense qui diminue plûtost la beauté de son ouvrage qu'il ne l'embellit. Dans l'Eglise de saint Salvator in Lauro de la mesme Ville, l'Architecte Octavien Mascherini les a attachez d'un tiers & sont plus supportables. Cependant on peut conclure qu'il vaut mieux en cette occasion suivre l'Eglise de saint Pierre du Vatican & les autres Eglises qui l'ont imitées, ou le grand Ordre Corinthien n'a que des Pilastres, & sont l'Entablement devient l'imposte d'un berceau de voute de onze toizes & demy, par consequent on peut juger que si cela n'a pas esté usité dans un grand Temple, il s'en faut moins servir dans un petit, & point du tout dans une Chapelle, qui n'a d'apparence de grandeur qu'autant qu'il y a eu de parties qui l'embarassent. Les Basiliques, telles que sont saint Paul, sainte Marie Majeure & autres en sont remplies par necessité: & si Conſtantin n'euſt pas ruiné les plus beaux Edifices de Rome pour les faire, on n'y vetroit que des piliers moins ſupportables que ceux des Gothiques, tant ſon ſiecle eſtoit incapable de produire quelque choſe qui approchât des anciens Edifices, puiſque ce qu'il a fait de beau vient de la deſtruction des ouvrages de ſes predeceſſeurs. Les Colonnes qui ornent le grand Salon ſur le Veſtibulle ſont iſolées, ce qui donne une grande ſaillie à l'Entablement, lequel s'il eſt retourné ſur une colonne ſeule, forme un avant-corps trop étroit, comme aux Arcs de Triomphes, au Temple de la Paix, & aux Thermes de Diocletien à Rome, & s'il eſt continu il devient trop maſſif, & la voute retombant ſur le vif du mur, comme dans ce profil eſt cachée par cette grande ſaillie, & ſans l'attique cela ne ſeroit pas ſupportable.

L'Appartement qui eſt ſur le Iardin, dont les pieces n'ont qu'une croiſée, excepté le Salon, ont aſſez de lumiere, veu qu'il n'y a rien devant qui l'empeſche d'en recevoir, & les demy cercles pris dans le maſſif font un ébraſement par dehors comme par dedans, pour diminuer la grande époiſſeur des murs, pour les Appartemens, des aiſles ils ſont éclairez fort à propos.

Or pour conſiderer les dehors, la Façade anterieure eſt extraordinairement riche, quoy que ruſtique, & la Sculture n'en eſt pas le moindre ornement; cependant ſi on regarde les Cariatides on remarquera qu'elles portent trop & qu'il eut eſté mieux, ou de les mettre au premier étage, & faire porter l'Attique ſur le vif du mur, ou les laiſſant où elles ſont les faire avancer pour porter un Balcon, comme Iean Goujon Architecte & Sculteur d'Henry II. les a fait au vieux Louvre, pour porter une Tribune de Muſiciens. Il n'y a point de feneſtres dans cette Façade: outre celle des Pavillons; parce que les eſcaliers qui ſont derriere les euſſent rendu biaiſes, & au lieu de les feindre il a fait des niches.

La Façade qui regarde les Iardins eſt ce ſemble la plus belle & eut eu plus de grace ſi les encognures n'euſſent pas fait de retraite ſi apparente : parce qu'à conſiderer en particulier ces arrieres corps ils ſont tronquez n'ayant qu'une colonne d'un coſté & deux de l'autre, les trois portes par où on décend du Veſtibule dans le Iardin ſont égales, lors qu'on peut faire celle du milieu plus grande, elle fait mieux, ou bien laiſſer les feneſtres ſans abbattre l'appuy, comme il eſt marqué ſur le Plan. Cette terraſſe interpoſée entre les degrez fait un bon effet, puiſqu'outre qu'elle diſtingue le baſtiment du Iardin, elle l'eſleve de ſorte que d'une diſtance conſiderable il ne paroiſt enterré.

Aprés les cinq Planches qui donnent la deſcription de cet Edifice, la neufviéme & la dixiéme repreſentent deux Plafonds qui ſont d'aſſez belle compoſition, & d'une grande richeſſe, c'eſt du frere de l'Architecte aſſez connu par la quantité & la beauté de ſes Ouvrages.

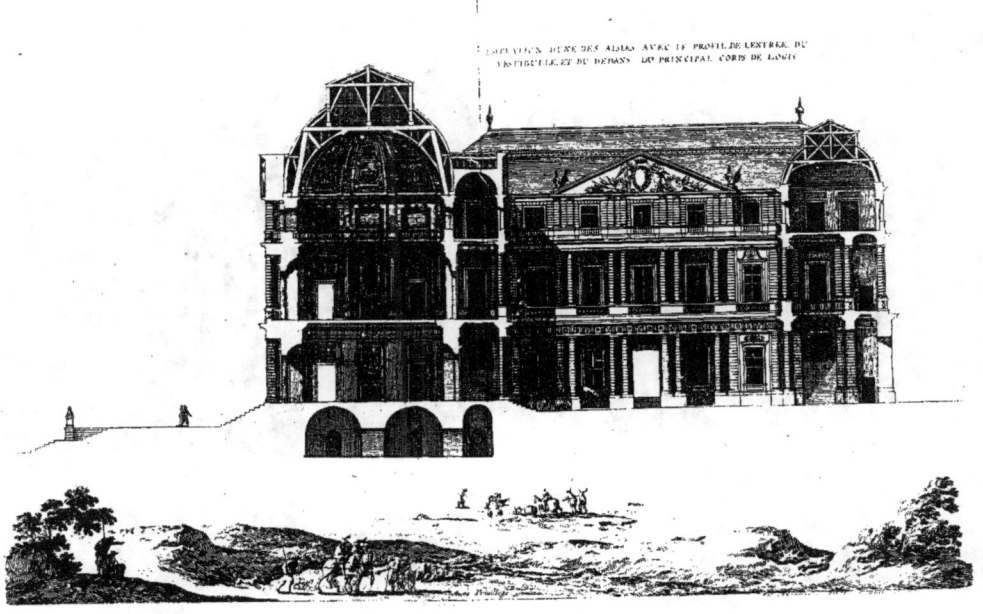

ELEVATION D'UNE DES AILES AVEC LE PROFIL DE L'ENTRÉE DU
VESTIBULE ET DU DEDANS DU PRINCIPAL CORPS DE LOGIS

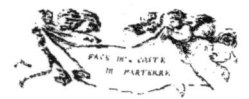

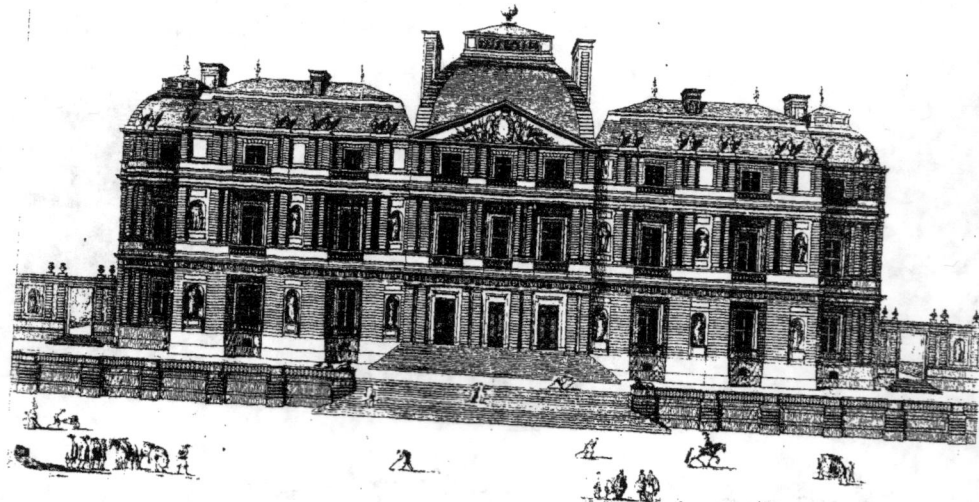

avec privilege. Par ANTOINE LE PAUTRE Architecte du Roy

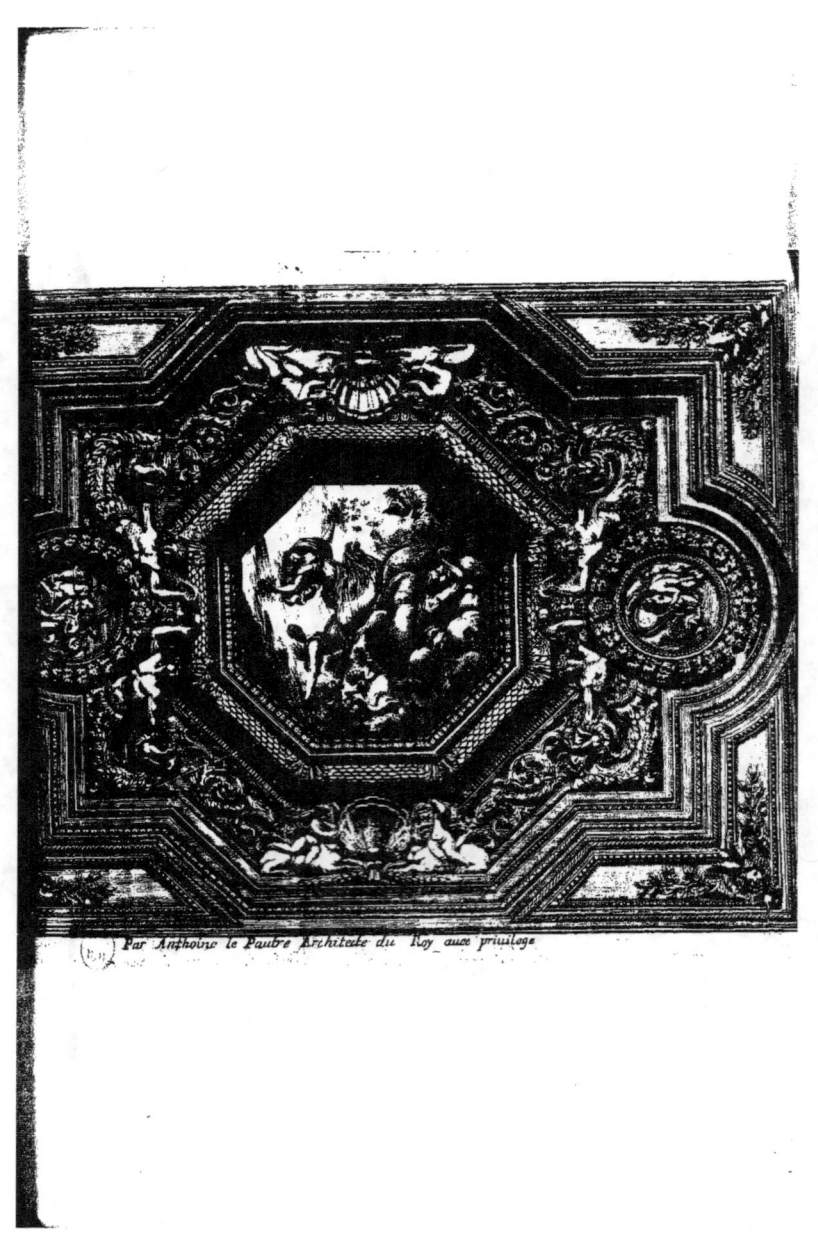

Par Anthoine le Pautre Architecte du Roy auec priuilege.

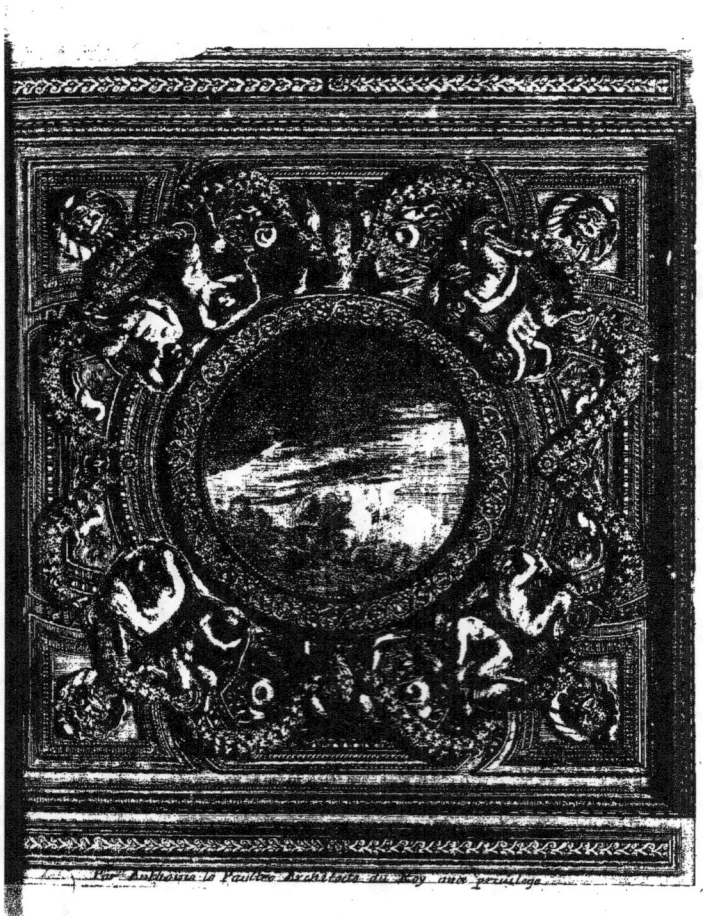

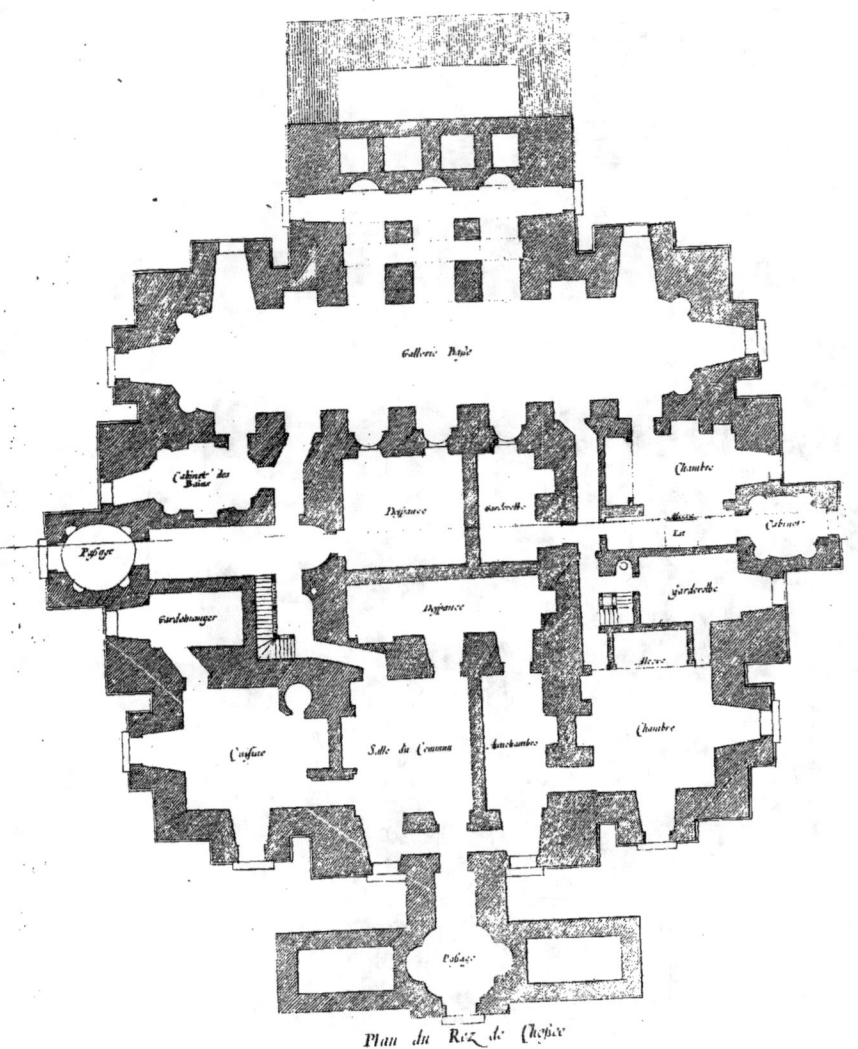

Gallerie Basse

Cabinet des Bains

Chambre

Dejeuner   Garderobe   Cabinet

Passage   Lit

Garderobe   Dejeuner   garderobe

Alcove

Cassine   Salle du Commun   Antichambre   Chambre

Passage

Plan du Rez de Chossée

Toisses

Par ANTHOINE LE PAUTRE Architecte du Roy Avec Privillege.

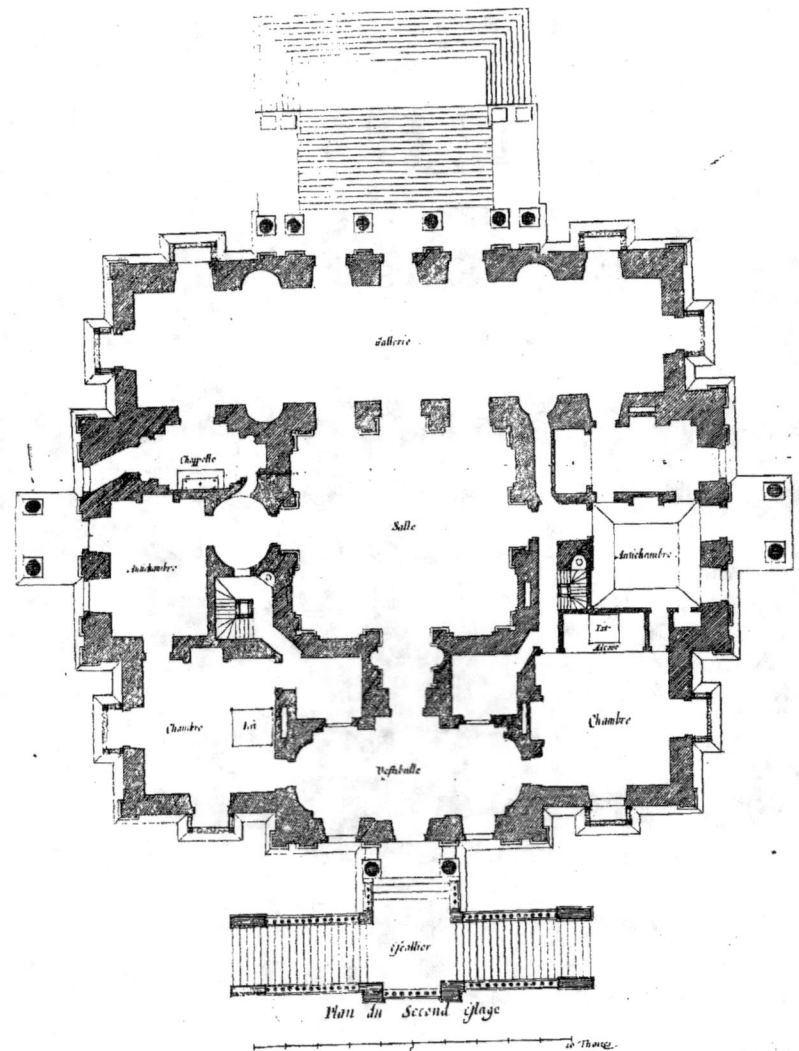

Gallerie

Chapelle

Salle

Antichambre

Antichambre

Lit

Chambre

Chambre

Vestibulle

Escallier

Plan du Second étage

5   de Thoise.

Par Anthoine le Pautre Architecte du Roy avec Privillege.

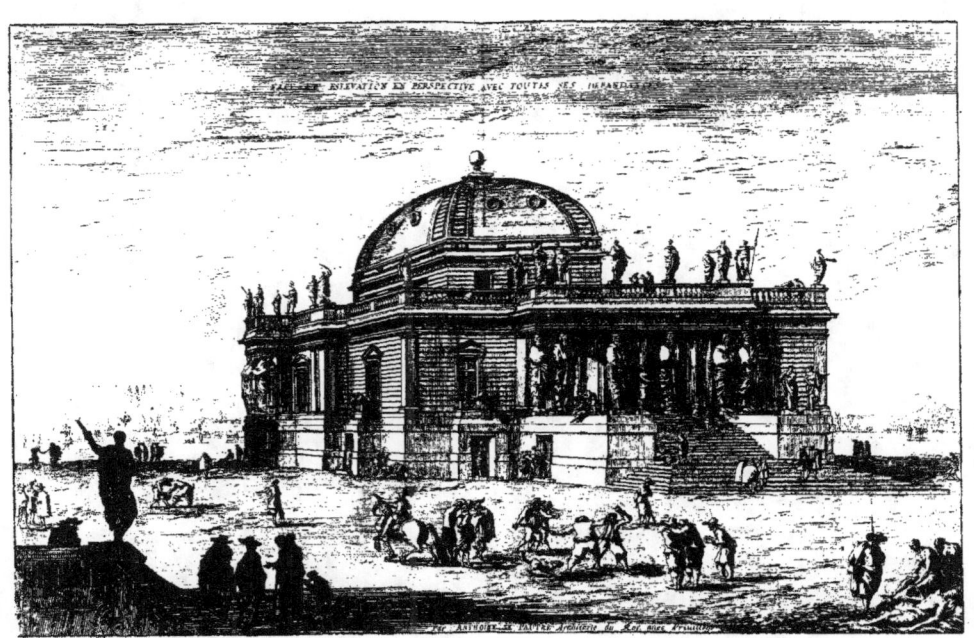

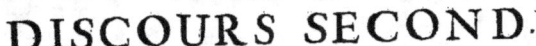

DISCOURS SECOND.

L E second Edifice eft compris n cinq Planches; fçavoir le Plan du rez de chauffée, celuy du premier étage, l'Eleva-tion en perfpective de tout le bâtiment, un profil fur la lon-gueur, & l'élevation d'un des coftez.

Ces deffeins reprefentent une Maifon de Plaifance comme la precedente, mais moins grande, & baftie comme une retraite où le Seigneur feroit éloigné de l'embaras des dependances d'un Chafteau, pour ne point voir de baffe-cour ny de village fi proche; il feroit necef-faire qu'elle fuft fituée fur un lieu éminent, afin de joüir d'une belle veüe; le baftiment n'eftant pas fort elevé, ce feroit plûtoft un ouvrage magnifique, qu'utile, fi on a égard que le peu de pieces qu'il enferme ne fuffiroit pas pour celuy qui le feroit bâtir, eftant à fuppofer qu'il au-roit fon Chafteau à quelque diftance, ainfi que Verfailles eft éloigné de Trianon. Cet Edifice n'ayant point de cour, feroit aparament en-fermé dans un Parc. Le Peron par où on monte des deux coftez eft en la face du parterre qui n'eft pas fi riche que celle de devant, où il y a un porche, dont fix Perfans qui le forment portent l'Entablement.

L'Etage du rez de chauffée eft la bafe ou le foubaffement de tout l'E-difice, & comme le pedeftail de l'ordre. Cet étage eft deftiné aux ne-ceffitez de la Maifon, comme la cuifine, dépenfe, garde-manger, & falle du commun, & de deux apartements qui feroient frais en Efté, parce que la grande épaiffeur des murs & le peu de croifées qu'il y a les garen-tiroient de la chaleur. La piece la plus confiderable eft une grande Galle-rie de feize toifes, & quatre pieds de longueur fur trois & demy de largeur; elle fert de veftibule & de dégagement; par un des bouts on entre dans un cabinet ovalle pour faire un bain; toutes les pieces de cet étage fe-roient voutées, & quoy que percées de peu de feneftre, ce bâtiment eftant ifolé & expofé en bel air, la lumiere s'introduiroit avec facilité, les deux dépenfes & la garde-robe qui font dans le milieu n'eftans éclairez que de faux jours, ce ne feroit pas une grande faute; parce qu'il n'eft pas ne-ceffaire que ces lieux reçoivent autant de lumiere que les autres qui font plus frequentez.

Le Plan de cét Edifice eft quarré, & s'il eft dit cy-deffus que le pro-fil en eft fait fur fa longueur, il le faut confiderer par le porche & les perons qui l'augmentent. Tous les retours que forment ces balcons avancez donnent une grande varieté à l'afpect, & font union du tout avec les parties. Le foubaffement eft haut de quinze pieds, & par ces efcaliers hors œuvre on entre dans le premier & feul étage; il faut remarquer que le nombre des degrez ne feroit pas fuffifant, puifqu'il n'y en a que vingt-quatre au peron de devant, & vingt-fept à celuy du parterre; il en fau-

B

droit trente, en donnant six pouces à chaque marche, & ils ne peuvent pas estre plus hautes; mais si c'estoit dans un escalier à couvert il ne leur
en faudroit donner que cinq, & les Perons du jardin des Thuilleries qui
sont des plus beaux qui se puissent faire ont six pouces; & il n'est pas necessaire de mouler les marches dans les dehors, & il n'y en a presque pas
d'exemple, mesme aux Eglises; puis qu'à celles du Val de Grace, de la
Sorbonne & de saint Pierre du Vatican, elles ne le sont pas, & on n'en
voit point entre le fragmens Antiques. Or afin de les rendre plus spacieu-
ses sur cette hauteur, il leur faut donner jusqu'à seize pouces de giron.
L'avantage qu'il y a en ne moulant pas les marches, est qu'on ne pert pas
en décendant ce qu'on avoir gagné en montant, ce qui arrive lors qu'elles sont moulées; toutefois il ne faut pas laisser l'arrête vive, parce qu'elle se ruine facilement, & il faut donner environ deux lignes de pente sur
cette largeur, pour faciliter l'écoulement des eaux qui pourriroient les
joins; & ce qui a fait que les deux Perons de la Cour de Sorbonne sont
si ruinez, c'est que la pierre estoit mal choisie, que les marches ne sont
pas fondez sur un bon massif de moilon, & qu'elles n'ont pas assez de
queuë pour avoir du recouvrement, afin de mettre des crampons de fer
à chaque joint montant, & qui ne doivent pas estre veus. Et aux Perons
circulaires, comme celuy de Luxembourg, ils y sont absolument necessaires. Il faut remarquer que la derniere marche qui doit estre raccordée
avec le pavé ou carreau, doit toujours avoir trois pieds au moins de largeur, afin de retenir l'aire du pavement avec plus de solidité: si on ne voyoit
les élevations, on croiroit que ce sont des colonnes & non pas des figures qui
portent les entablements, & il est necessaire pour distinguer les colonnes
d'avec les Cariatides ou Persans, quand mesme ils seroient sur des bazes,
de designer le vestige de la plante des pieds, afin de faire voir que ce sont
des statuës & non pas des colonnes. D'abord on entre dans un grand Vestibule de dix-sept pieds de largeur sur sept toises de longueur qui degage
les deux apartements des costez, & par un passage conduit dans un grand
Salon de sept toises en carré, par lequel on entre dans deux apartements Il y a de petits escaliers de part & d'autre pour aller aux garderobes, & sur la couverture qui est de dales de pierre à joints recouverts, en
suite par trois portes d'egale grandeur, on entre par le costé dans une
grande gallerie qui sert de vestibule, lors qu'on revient du jardin, elle a vingt-deux pieds de large sur seize toises, & quatre pieds de long,
& répond à celle de dessous qui peut servir d'Orangerie; de cette gallerie
on entre dans la Chapelle qui est éclairée de biais dont l'Autel auroit pû
estre dans le fonds, vis à vis de la croisée, s'il y eut eu assez de largeur.

L'Ordre de tout ce bâtiment est Toscan, & le pedestail n'a pour corniche & base que des plinthes sur un zocle, ce qui est rustique & judicieu-
sement pratiqué. Les balcons avancez sur cet adoucissement, avec
leurs portes en croisées ont beaucoup de grace, ainsi que les bossages qui
sont detachez des pilastres. Tout cet Edifice qui semble trop massif reçoit
beaucoup de legereté par cette Balustrade qui regne; & les Figures sur

ces Piedeftaux pofez fur un adouciffement, finiffent avec grace la decoration de cette Ordonnance. On pourroit defaprouver les Statuës qui
portent fur les Perfans, faifant pour ainfi dire des Ordres de Figures,
ce qui eft contraire à la gravité & à la folidité que doit avoir l'Architecture, & qui reffent la decoration de Theâtre; mais le bâtiment eftant
ruftique, peut eftre excufé par des licences qu'on ne fouffriroit pas à
un Temple qui doit avoir de la Majefté. Le Salon a de hauteur pref-
qu'une fois & demy fa largeur, l'ordre en eft Corinthien, qui porte
un Attique avec douze feneftres, par lefquelles le Salon reçoit du jour
fuffifamment, & la voute qui eft enduite fur des courbes, de la richeffe
qu'elle paroift termine la magnificence de cette piece. L'Attique par
dehors ne pourroit eftre veu que de loin, à caufe des pieces qui environnent le Salon, & qui ont autant de faillie que la largeur du Salon
mefme. Pour ce qui eft du comble, il n'eft pas furmonté, & un petit
Zocle orné de teftes de Lions le dégage de fa corniche, qui eft encore
adoucie par le deffus. Il y a des Boffages couvers de plomb, & des jours
pour donner de l'air à la charpente. L'ufage de ces Boffages a efté pratiqué au Louvre, plus qu'à aucun autre endroit; & il femble qu'on
n'ait pas fait de reflexion lors qu'on s'en eft fervi; car quelle apparence de feindre des pierres fur un comble qui eft d'une autre matiere, &
que fa grandeur ne rend que trop pefant? & comment eft-il probable
que ce foit des Boffages, il feroit plus à propos de les faire reffembler à
des joints recouverts, & fuppofer que la pierre eft deffous, ainfi il ne faudroit point d'ardoifes; toutefois fi cela eftoit fupportable, ce feroit par
l'authorité du bâtiment où on s'en eft fervi. Cependant on pourroit ob-
jecter les degrez qui font fur le Dome du Pantheon, & on pourroit dire
à quel ufage des fieges pour fervir de baze à ce comble? mais ces fieges ou
degrez font un meilleur effet, & outre qu'ils donnent des retraites, c'eft
qu'ils diminuent cette convexité, qui n'eftant que d'un demy cercle
femble accabler l'Edifice, ce qui arrive à tous les Domes, quelque beau
que foit leur contour, & qui ne peut pas eftre tel s'il n'excede la hauteur du demy cercle, l'ordre de deffous eftant toûjours inferieur à la hauteur du Dome. Pour la charpente de celuy-cy, elle eft pluftoft à l'Italienne qu'à la Françoife, & ils ne s'exercent pas en Italie en l'Art de
Charpenterie comme en France, parce qu'ils n'en ont prefque pas befoin, tous leurs Domes eftant faits de brique, avec liaifon de Po-
zolane & de Chaux, qui devient auffi dure que la brique mefme; ils
ne font ny mortoifes ny tenons, & affemblent une ferme avec des en-
tailles, fans taffeaux pour retenir les cours de pannes; mais avec des
chevilles feulement; les autres pieces de cet étage font voutées, & le
bâtiment pour eftre mis en œuvre auroit befoin du fecours des mate-
riaux d'Italie, auffi fa forme approche de plufieurs qui font en ces pays,
& particulierement dans l'Eftat de Venife fur la Brente dans le Padoüan
& le Vicentin, & dans le Veronois & le Brefçan, où plufieurs Gentilshom-
mes Venitiens ont fait conftruire de petits Palais, qui n'eftans fi ma-

gnifiques ny fi folides que celuy-cy , ne laiffent pas d'eftre tres-agrea-
bles, refervant à faire les grandes dépenfes dans la Ville. Palladio &
Scamozzi en rapportent quelques-uns qu'ils ont conftruits. On en
voit auffi d'autres prés de Rome qui font baftis à peu de frais, & il n'y
a prefque pas de grande Vigne qui n'ait fa petite, comme celle de Mat-
thée , Borgheze, Ludovifi & autres; ce qui eft fort agreable de trouver une retraite apres s'eftre promené long-temps dans un grand Iardin.
Il ne faut pas inferer de cet ufage, que noftre Architecte n'en ait pre-
tendu faire qu'une dépendance de quelque plus grand Chafteau. On y
voit dans ce deffein l'abondance de fon Genie , qui fçavoit joindre
l'élegance à la folidité mefme dans les bâtimens les plus ruftiques.
Et comme dans les Iardins de cette belle Maifon il feroit neceffaire de
quelque Fontaine qui fuft auffi finguliere que le bâtiment, les deux
Planches qui fuivent font voir les deffeins de deux qui ne font point
inferieures aux Parterres & Iardins qui acheveroient d'embellir cet
agreable fejour. La premiere de ces deux Fontaines eft aparament pour
mettre au bout d'une allée comme une grotte, & adoffée contre le mur
d'une terraffe, parce qu'on voit des Rochers dans le fons qui font plus hauts
que les bords du baffin ; elle feroit auffi un bon effet eftant ifolée, & il fuffiroit de quatre chevaux marins, & de quatre Tritcas; ces glaçons font bien
imaginez aux Fontaines; parce qu'outre qu'ils reprefentent la congelation
de l'eau, ils la font boüillonner, & il femble qu'elle retombe avec grande
impetuofité. La feconde paroift pluftoft pour une place ou une cour que
pour un Iardin, le profil du grand baffin eft prefque femblable à ceux de la
place Navone à Rome, qui font de Michel-Ange. Il feroit à fouhaiter que
le petit baffin fût d'une feule pierre, comme les deux de la place Farnefe, &
celle du Theâtre de Belvedere au Vatican , qui font des cuves de Bains antiques, & la derniere a efté tirée des Thermes de Titus. Il faut avoüer que
les fontaines découvertes font un bel ornement dans une Ville, & que ces
fortes d'ouvrages fourniffent de beaux fujets à la Sculture; mais il faut auffi
que les Citoyens les confervent & n'abufent pas d'une magnificence qui eft
confiée aux yeux & aux mains du Public, & ce qui a empefché jufqu'à prefent qu'à Paris on ne les a pas fait découvertes , c'eft le mauvais ufage qu'en
faifoit le peuple qui y jettoit des ordures; il y en avoit autrefois quelques
unes qu'on a efté contraint de changer de forme, ainfi qu'on peut lire à l'inf-
cription de celle qui eft devant l'Eglife de Noftre-Dame, où il eft dit que
la malice des paffans avoit efté caufe qu'on en avoit privé le Public. On
fçait bien qu'il faut avoir de l'eau avec abondance pour faire ces fortes de
dépences ; toutefois fi on eftoit perfuadé qu'on le regardât avec plaifir on
en veroit plufieurs. Il eft pourtant vray que depuis quelques années, noftre
Nation s'eftant adonnée aux Arts, confidere avec plus d'affection qu'elle ne
faifoit auparavant ce qu'ils produifent; & il y a lieu d'efperer que cette connoiffance s'augmentant on continura à embellir Paris avec le mefme foin
qu'on a travaillé à le Policer, & le rendre commode, & que l'ornement
eftant joint à l'utile, elle fera non feulement la plus grande, mais auffi la
plus belle Ville de toute la Terre.

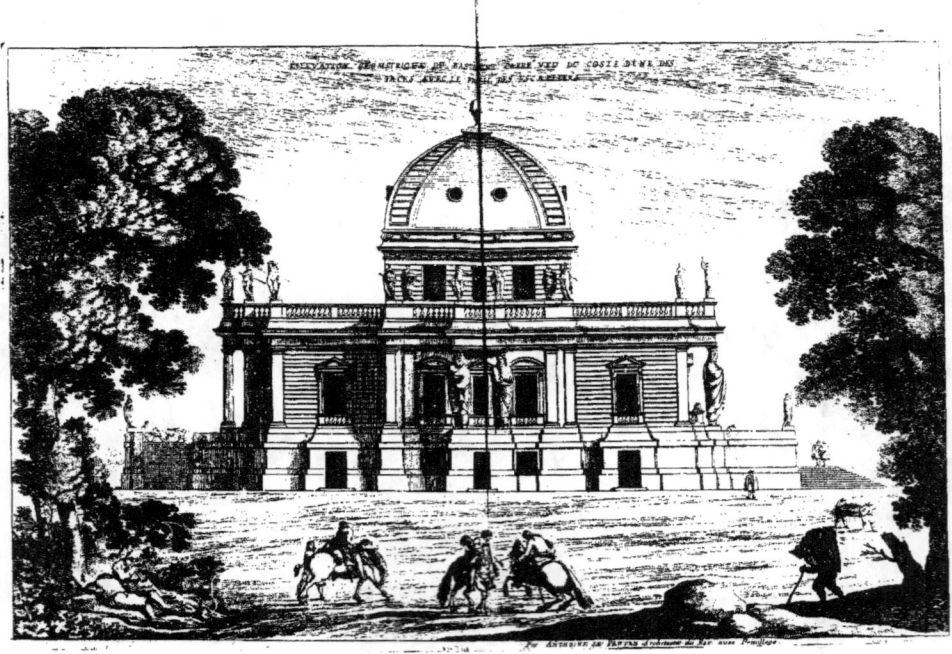

FACE DU COSTÉ DU PARTERRE

Par ANTHOINE LE PAUTRE Architecte du Roy avec Priuillege

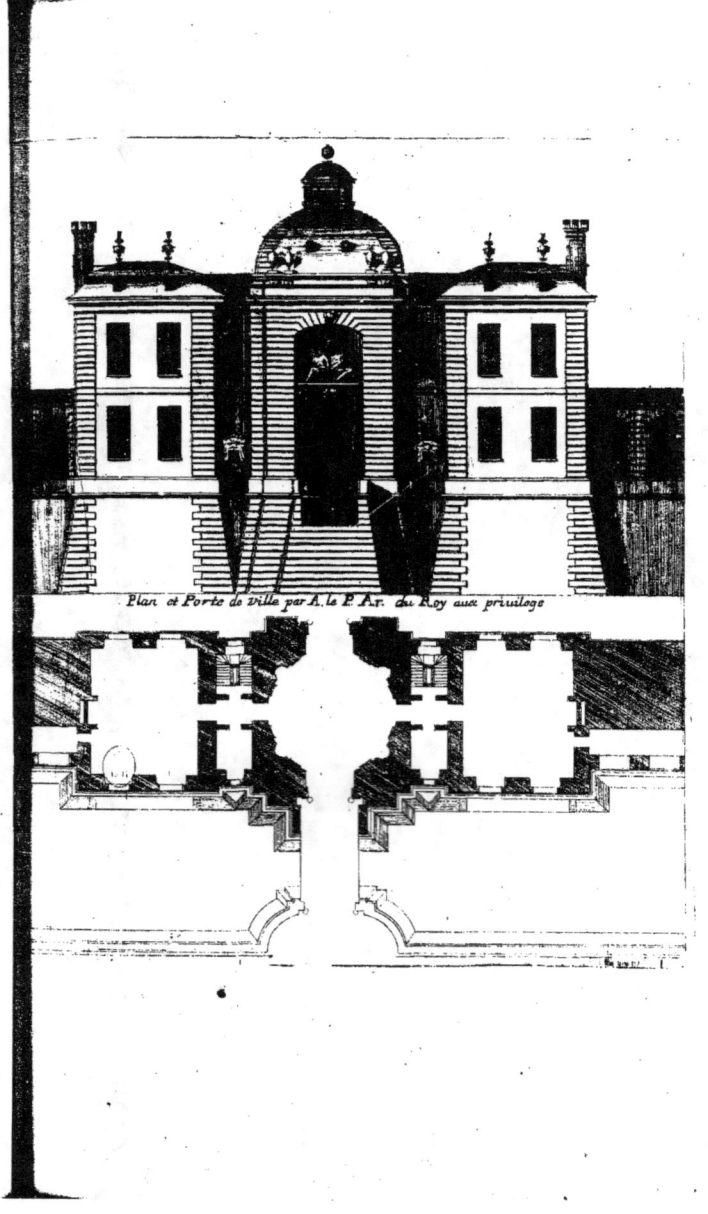

Plan et Porte de ville par A. le P. Ar. du Roy avec priuilege

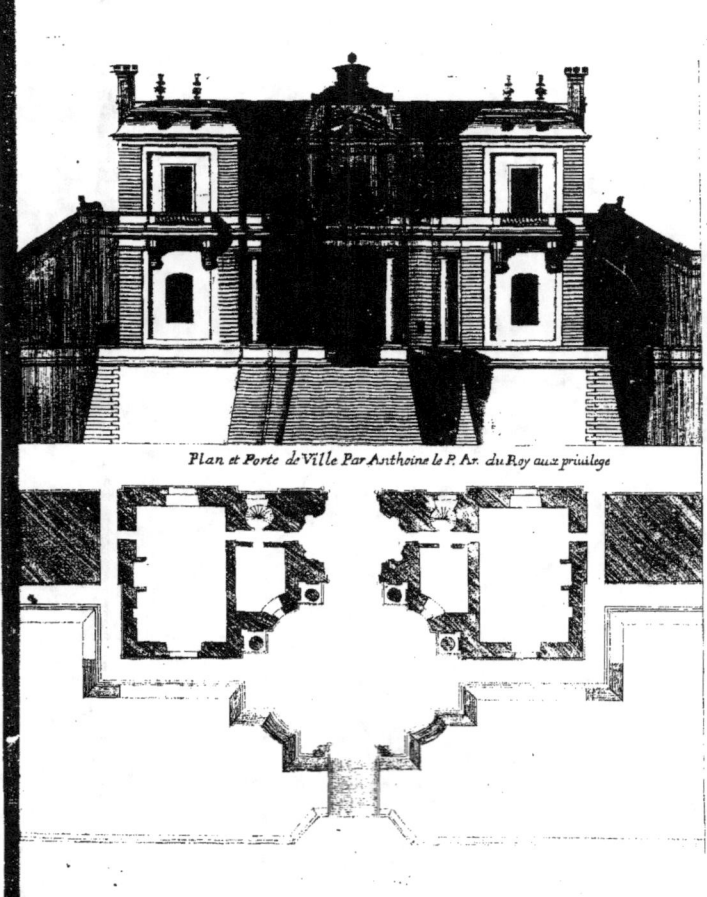

Plan et Porte de Ville Par Anthoine le P. Ar. du Roy aux privilege

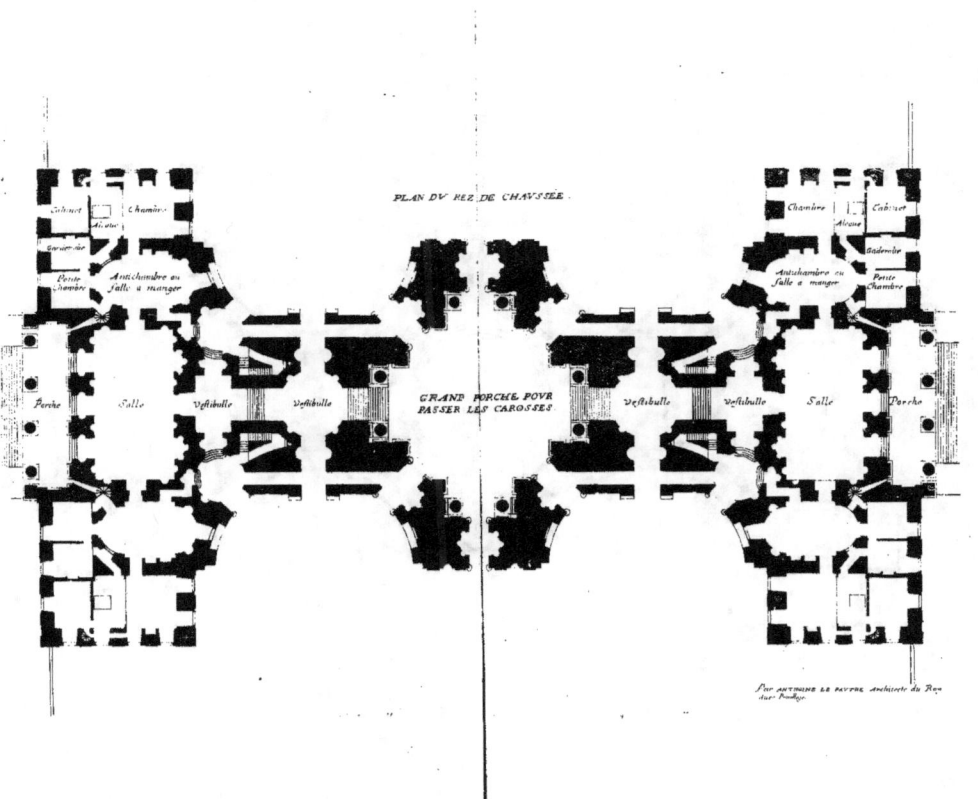

PLAN DV REZ DE CHAVSSEE.

Cabinet Chambre
Garderobe Alcove
Porte Antichambre ou
Chambre salle a manger

Porche Salle Vestibulle Vestibulle GRAND PORCHE POVR
PASSER LES CAROSSES Vestibulle Vestibulle Salle Porche

Chambre Cabinet
Alcove Garderobe
Antichambre ou
salle a manger Porte
Chambre

Par ANTOINE LE PAVTRE Architecte du Roy
dux Poubys

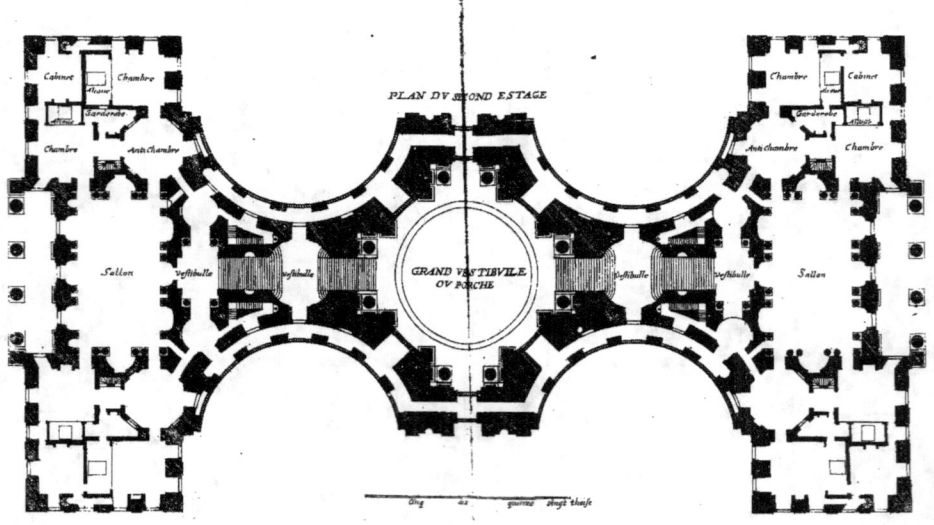

PLAN DV SECOND ESTAGE

GRAND VESTIBVLE
OV PORCHE

Cabinet   Chambre
Alcove
Garderobe
Chambre   AntiChambre

Chambre   Cabinet
Alcove
Garderobe
AntiChambre   Chambre

Sallon   Vestibulle   Vestibulle

Vestibulle   Vestibulle   Sallon

Par ANTHOINE LE PAVTRE Architecte du Roy Auec Priuillege.

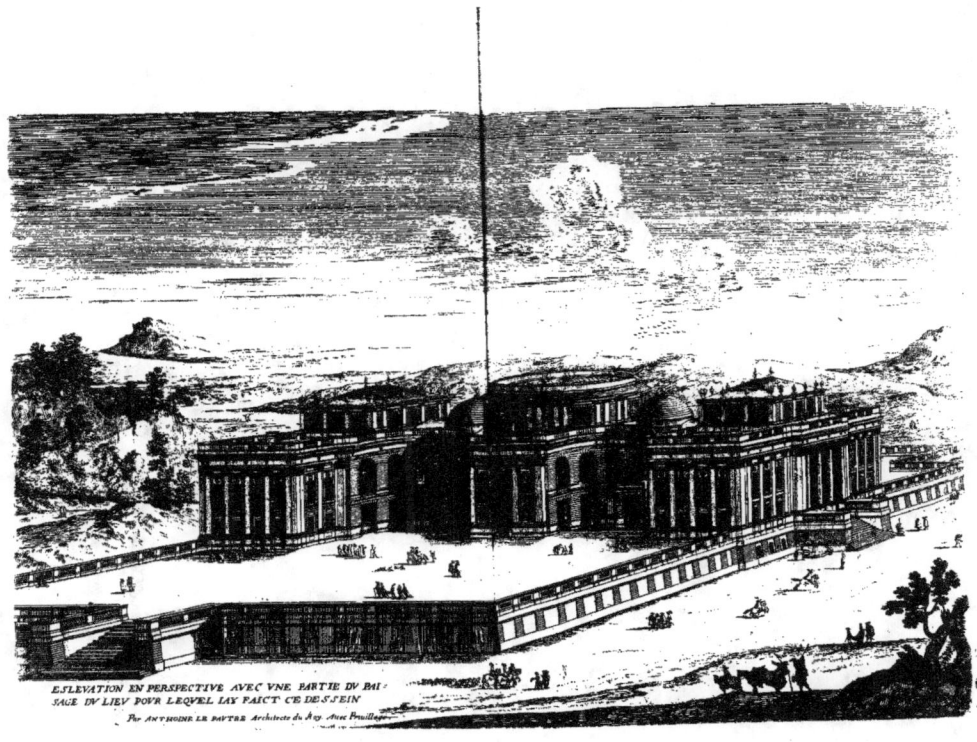

ESLEVATION EN PERSPECTIVE AVEC VNE PARTIE DV PAI-
SAGE DV LIEV POVR LEQVEL IAY FAICT CE DESSEIN

Par ANTHOINE LE BAVTRE Architecte du Roy Avec Preuillege

I

po
tie
éta
la l

de
fo
fa
n'
de
l'h
Pa
n'
m
ca
yo
di
m
co
ai
co
gn
pfi
t
pe
fo
r l

DISCOURS TROISIÉME.

LE troifiéme Baftiment eft fuppofé fur une place reguliere entre deux murs mitoyens, ayant prés de dix-huit toifes de large fur une longueur indeterminée, & dont l'Architecte prend quarante toifes de profondeur pour en faire la diftribution, laiffant le refte au jardin. Cette maifon contient cinq planches qui font le plan de retz de chauffée, celuy du premier étage, une élevation du fonds de la cour avec le profil des aîles, le profil fur la longueur, & la face qui regarde le parterre.

La proportion de l'étenduë du baftiment eft à peu prés deux fois & demi de fa largeur; il y a deux corps de logis, mais celuy de derriere a plus de profondeur & d'exhauffement que celuy de devant qui n'a que le premier étage fans greniers dans le comble. La porte principale qui a huit pieds de large n'eft pas à fleur du mur de face, mais dans un enfoncement de douze pieds de large fur fept de profondeur, comme il a efté pratiqué fort à propos à l'hoftel d'Aumont ruë de loüy, ce qui fait la difference de la porte d'un Palais d'avec celle d'une maifon particuliere & principalement lors qu'on n'a pas de ruë en face, il n'y a point de piece confiderable fur le devant mais feulement une écurie pour vingt chevaux, une remife pour plufieurs caroffes & une petite cour à cofté de l'écurie pour les fumiers. L'allée eft voutée en berceau avec deux lunettes de chaque cofté, la cour qui a prés de dix toifes de quaré feroit petite, fi elle n'eftoit augmentée par un renfoncement de deux portions de cercle & par les portiques qui regnent dans trois coftez, & de plus le baftiment n'eftant pas fort elevé fur le devant & fur les aîles, cela le rend fuportable. Les portiques forment une belle fimetrie, & communiquent dans le bas les deux corps de logis lefquels, au deffus fe joignent par des terraffes & la gallerie, ils font fort à propos dans cette occafion n'oftant point le jour à quelque piece qui feroit derriere; l'incommodité du peu de lumiere que donnent ces Portiques fait qu'on ne les met pas en ufage fi fouvent en France qu'en Italie : lors que l'apartement eft fimple & qu'il tire du jour de l'autre cofté, on les peut mettre en œuvre s'ils ont affez de profondeur pour mettre un caroffe à l'abry de la pluye & que le fiege du cocher foit à couvert. Il faut que la cour foit grande & qu'ils ayent de l'exhauffement fans entrefolle, car autrement l'apartement qui leur eft adoffé n'auroit point de jour, & il eft conftant que ceux de la Place royale pour n'eftre pas affez hauts n'éclairent pas affez les logements du retz de chauffée fur le devant quoy qu'ils foient expofez dans un grand air, cependant à Boulogne à Padouë & plufieurs autres Villes d'Italie, prefque dans toutes les ruës il y a des portiques des deux coftez & on prefere la commodité d'aller à couvert & à l'ombre, à l'incommodité de n'avoir pas affez de jour dans le bas étage, où il n'y a que des écuries & des remifes particulierement fur le de-

C

vant, qui ne sert que d'habitation pour des domestiques. Aprés avoir passé la cour on entre par trois portes egales dans un grand vestibule de huit toises de largeur sur six de profondeur, il est d'une figure singuliere ressemblant à un trefle par trois enfoncements en demi cercle dont celui du fonds est plus large, avec trois niches de chaque costé ce qui forme une scene fort agreable, & il faut avoüer que dans les vestibules & les salons, ces sortes de figures contournées reüssissent mieux que si elles estoient carrées, lors que la place en donne occasion sans faire un trop grand massif comme dans le plan, n'ayant point de meubles dans ces pieces qui oblige de les faire d'esquerre & entre quatre lignes paralelles. La salle à manger qui est à costé fait encore un bon effet avec les deux demi cercles, elle n'a qu'une fenestre qui suffit estant fort large; le buffet est dans un lieu à part, il ne paroist point de cuisine dans ce plan, puis quelle est dans celuy du rez de chaussée comme on voit par le profil & le corps de logis estant elevé de sept marches, elle peut estre eclairée par des abajours & glacis, on ne peut pas juger si elle est sous la salle à manger ou sur le jardin, parce quil ne paroist point de tuyau de cheminée dans ce plan, du vestibule on entre dans la grande salle, de cette salle dans deux apartements ausquels elle sert de communication, elle a plus de six toises de longeur sur trois & demi de largeur, le jour y entre par trois croisées sous un porche de quatre colonnes, les deux apartements sont diversement composez, la salle leur sert d'antichambre ny en ayant point d'autre, le vestibule estant trop petit à proportion de chaque costé, il y a une petite cour pour éclairer le lieu du buffet & les garderobes, cependant au plan du premier étage celle qui est à gauche en entrant par la cour ne paroist plus à plomb sur celle du rez de chaussée, non plus que l'autre qui est plus petite. Le grand escalier est composé de deux rampes pour aller au premier étage, & les marches en ont sept pieds & sont au nombre de quarante quatre y ayant vingt deux pieds à monter, elles auroient six pouces & seroient trop hautes n'en devant avoir que cinq pour un principal escalier; outre le grand il y en a deux autres, un pour descendre dans la cuisine, dans l'office & dans la salle du commun, celuy qui est en coquille a cinq pieds de marche; & un autre petit de dégagement, le corps de logis de devant en a aussi un de chaque costé.

Le premier étage a des apartements devant & derriere le tout de plain pied: du grand escalier on entre par un vestibule dans le grand salon orné de vingt colonnes Corinthiennes & isolées, leurs bases posent sur le pavement quoy quelles ne soient pas figurées au plan, il paroist au profil qu'il y en a; leur disposition est telle qu'elles sont quatre seules & les autres acouplées & il n'y en a que trop; & quant elles n'eussent sorti du mur que des deux tiers ou de la moitié, cela eut suffit, l'entablement n'auroit pas eu tant de saillie: il porte une balustrade; sur cet ordre il y a un Attique sans pilastres avec des tables & outre les trois fenestres sur la cour, il y en a encore neuf dans l'Attique qui éclairent la voute qui est surbaissée; la charpente a esté omise puisque cette voute a plus d'epaisseur dans le milieu que dans les reins, le salon degage le grand apartement du petit sur le jardin, les pieces du grand sont belles & riches, ainsi quil paroist par le profil; du salon on entre dans un grand cabinet qui eſt ſur la ſalle à manger, lequel a auſſi ſon dégagement par un petit veſtibule ovale; du cabinet on entre dans la galerie qui a trois toiſes de large ſur vingt & une de long, elle donne entrée à la Chapelle & à la Bibliotheque qui a ſeize pieds de large, ſur prés de ſix toiſes de long & de la meſme galerie, on deſcend ſur la terraſſe par trois degrez; il y a trois chambres à coucher ſur l'écurie, leur entrée eſt ou par la terraſſe en remontant les trois degrez, ou par le petit eſcalier de dégagement.

Il n'y a point d'elevation du devant, & ſelon le profil il y a des pilaſtres Doriques comme des colonnes ſur le jardin; la cour n'a point d'ordre, mais des Termes drapez dont les guefnes ſont revetuës de boſſages, & ſont une grande decoration avec des feſtons qui ſont attachez à des maſques aux clefs des arcs, les Termes ne portent rien, & ne ſont que comme des buſtes aux tremeaux du premier étage; toute la cour eſt ornée de ces boſſages excepté l'Attique du ſalon qui a des pilaſtres & un petit fronton. Il n'y a point d'étage en galetas & quoy que ce ſoit une grande maiſon il y a peu de logement, n'ayant des greniers que ſur le corps de logis de derriere, les combles ſont briſez ſur la face du jardin dans lequel on deſcend par un Peron à deux rampes, il n'y auroit point d'allée dans le milieu, mais il y en deux le long des murs mitoiens & un grand parterre; cette face n'a des boſſages qu'aux encognures & le Dorique porte un Ionique; la colonne qui eſt trop prés du pilaſtre au dorique rend le metope long, la diſtribution de la friſe ne regne que ſur les colonnes, & il y a beaucoup d'Architectes qui ſont d'avis de ne la plus continuer que lice, lors qu'il n'y a point d'ordre; mais on peut croire que ce n'eſt que pour ne ſe pas vouloir donner la peine d'étudier la preciſion avec laquelle cette ordre doit eſtre executé. ce qui en fait la plus grande beauté; cependant à l'hoſtel de la Vrillere, l'exacte diſtribution des metopes & trigliphes n'en eſt pas le moindre ornement, & fait voir avec quel ſoin defunt Monſieur Manſart qui a fait auſſi l'hoſtel d'Aumont, dont il eſt parlé cy-deſſus, faiſoit executer les Ouvrages; ſi le Cavalier Bernin au portique ou Colonnat de ſaint Pierre du Vatican à Rome eut voulu aſſujetir ſon Dorique aux regles de l'art, la friſe en eut receu un grand ornement: mais la difficulté n'eſtoit pas dans la diſtribution du dedans ou du dehors en particulier, mais elle eſtoit de les faire accorder enſemble, puiſque c'eſt le meſme entablement, quoy que ce ſoit de differens diametres de colonnes; & il ſeroit bien plus facile de lever cette difficulté, ſi l'entablement exterieur rentroit dans luy meſme, comme au Coliſée & aux autres Amphitheatres, qui forment un rond ou un elypſe, & que celuy de dedans fit le meſme effet.

L'Ordre Ionique qui eſt au deſſus paroiſt trop court; il y a aparence que c'eſt une faute de gravure: les figures qui portent le grand fronton ſont petites pour ſervir de Cariatides, & ſeroient bien proportionnez aux ordres de deſſous, ſi elles ne portoient rien; & outre que le fronton eſt trop grand, le petit cintre qui eſt dedans n'eſt pas tout à fait regulier: on ne voit point que ces doubles frontons ayent eſté pratiquez dans l'Antique, & quoy qu'au Pantheon il y en ait deux, ils ſont l'un ſur l'autre, & non pas l'un dans l'autre, outre que l'un porte ſur les colonnes & l'autre ſur le maſſif de l'avant-corps d'aprés lequel le porche est formé; il n'y a gueres que les Modernes & particulierement les Peintres qui ont exercé l'Architecture, qui s'en sont servis; ainsi que Pierre de Cortonne qui en a mis presque dans tous les bastiments qu'il a fait comme à sainte Marie *in via lata*, à sainte Martine, à saint Luc, à la Paix, & à plusieurs autres, ayant beaucoup basti; & comm. presque tous les Peintres d'Italie les mettent dans l'Architecture qu'ils peignent à fresque, il leur paroist agreable de s'en servir quand ils batissent; toutefois on pourroit apporter pour exemple ce qu'a mis en œuvre Monsieur le Mercier, au grand comble de la Cour du Louvre, où sur des Cariatides il y en trois; ce qui ne peut servir d'authorité, & on pourroit croire que cette disposition seroit un ouvrage du Sculteur à qui on auroit laissé le bossage dans le fronton, & on sçait que cet Architecte sçavoit que cela n'est pas conforme aux regles de l'Art qui sont fondées sur la raison; & si on faisoit bien reflexion, jamais on ne metteroit des frontons que sur le bout d'un comble, puisqu'ils denotent l'extremité du toict, ainsi que les anciens les mettoient à leurs Temples; ils reussissent bien aux Portaux des Eglises, lors qu'ils les terminent comme il y en a presque par tout excepté au Portail de l'Eglise de saint Nicolas du Chardonnet, où l'Architecte en a mis au premier ordre où il n'en doit point avoir, n'y ayant point de Porche, & pas mesme des colonnes comme à saint Gervais, & n'en a point mis au haut où il doit estre comme à la place qui luy est propre.

Ce bastiment estant une hostel pour une personne de qualité dans la Ville, dont les portes & les murailles font la distinction d'avec les Villages, l'Architecte donne le dessein de deux portes comme d'un ouvrage d'Architecture considerable, dont on s'est reservé de parler, ainsi que de deux autres à la fin du sixiéme discours.

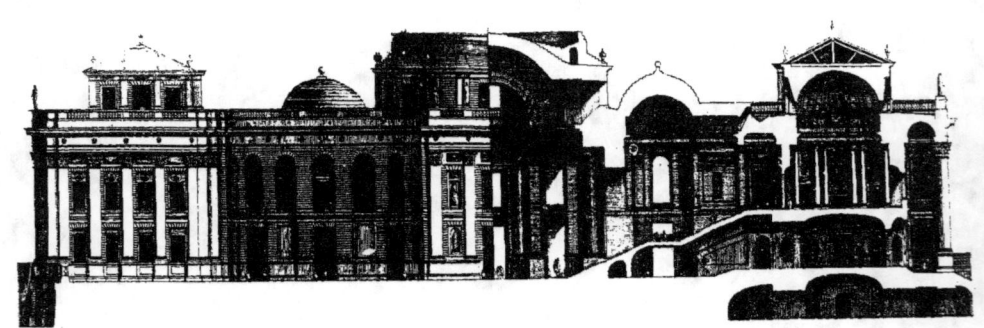

ESLEVATION DE LA MOITIÉE DE LA FACE DV BATIMENT ENSEMBLE LA VEVE ET PROFIL DV VESTBVILE
ESCALIER ET DES DEDANS DES SAILONS ET PORCHES ALLANS AV PARTERRE ET OFFICES AV DEDANS.

Par ANTHOINE LE PAVTRE Architecte du Roy Auec Priuilege.

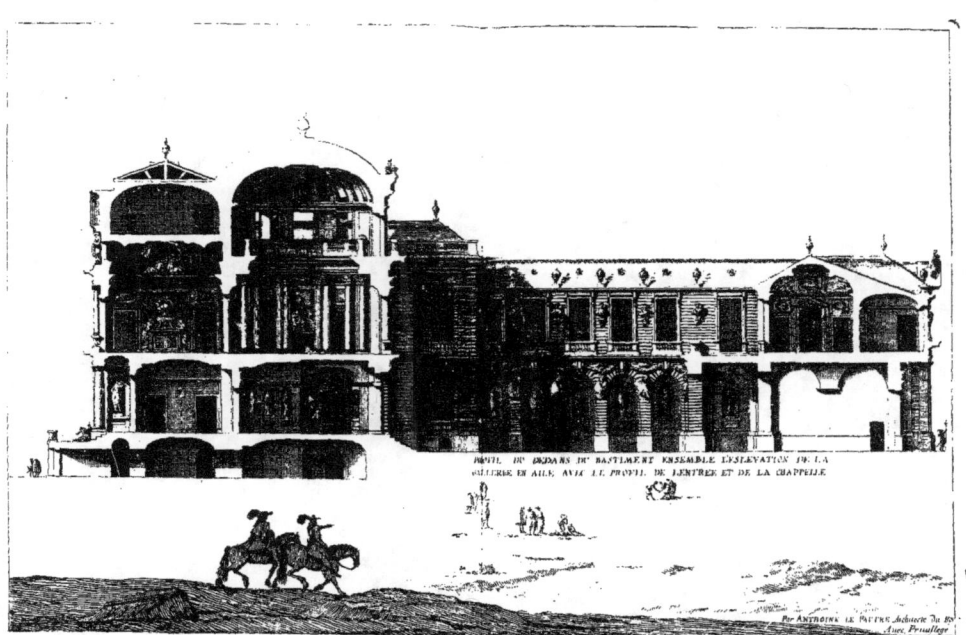

PROFIL DU DEDANS DU BASTIMENT ENSEMBLE L'ESLEVATION DE LA
GALLERIE EN AILE, AVEC LE PROFIL DE L'ENTREE ET DE LA CHAPPELLE

Par ANTHOINE LE PAUTRE Architecte Du Roy
Avec Privillege

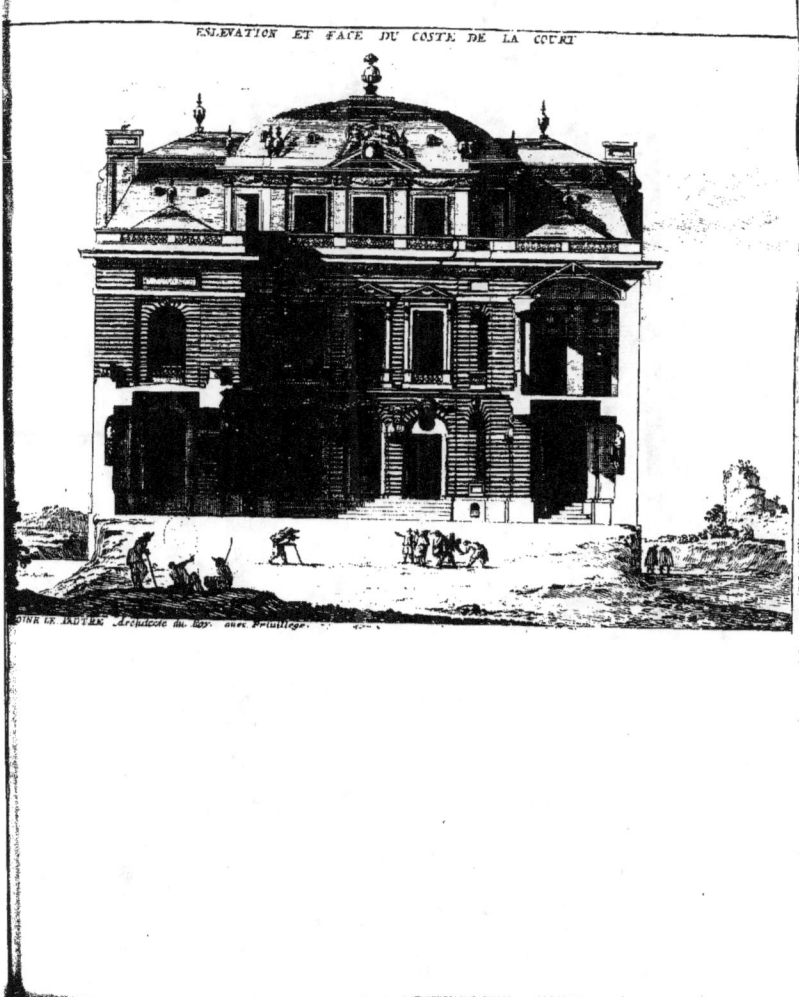

ESLEVATION ET FACE DU COSTE DE LA COURT

SINE LE BLOTER Architecte du Roy. auec Priuillege.

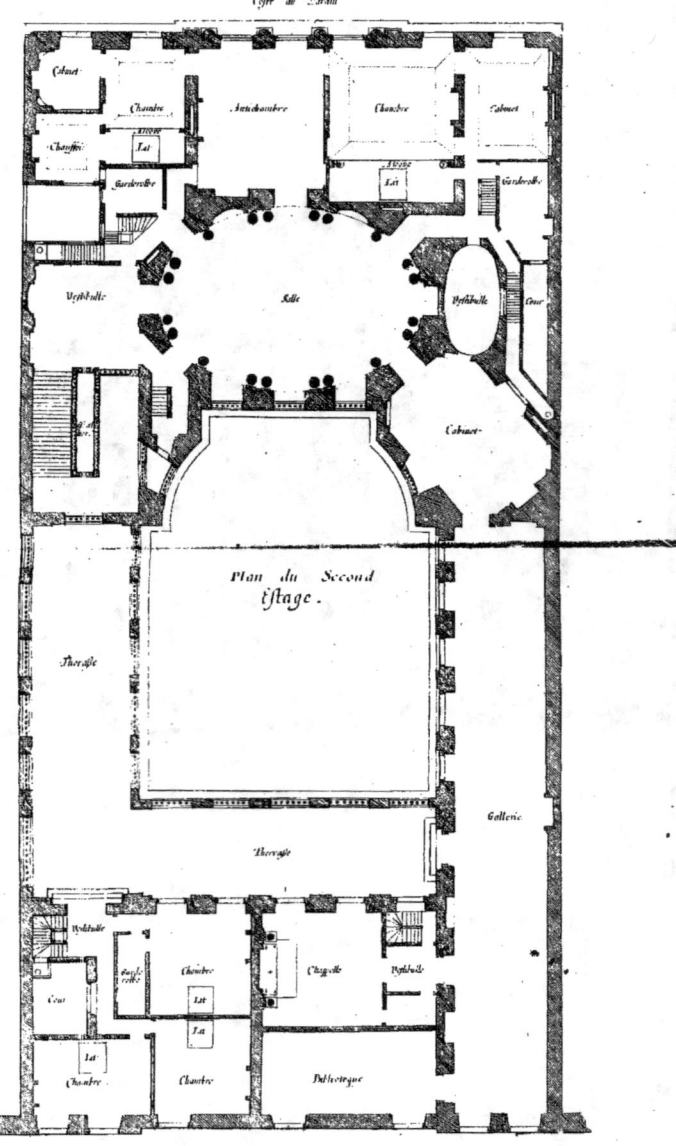

Côté du Jardin

Cabinet

Chambre   Antichambre   Chambre   Cabinet

Chauffe

                                       Niche
          Lit   Lit

Gardenrobe   Gardenrobe

Vestibule   Salle   Vestibule   Cour

                                                        Cabinet

Plan du Second
Estage.

Therasse

                                                        Gallerie

                    Therasse

Vestibule

Chambre   Chapelle   Vestibule

Gardenrobe

Cour   Lit

            Lit

Chambre   Chambre   Bibliotheque

Par ANTHOINE LE PAUTRE Architecte Du Roy avec privilege

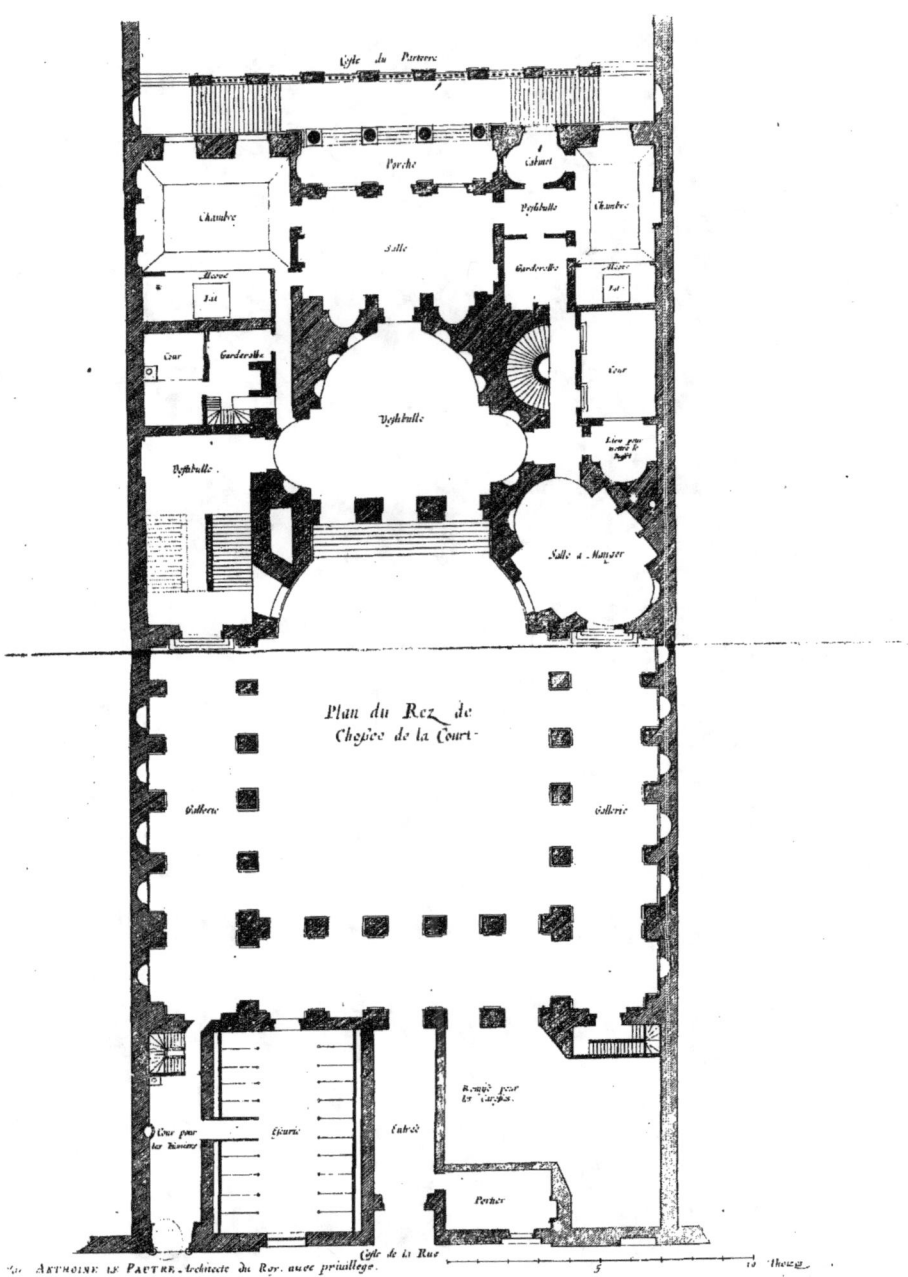

Costé du Parterre

Porche

Chambre

Salle

Cabinet

Vestibule

Chambre

Garderobbe

Mezee

Garderobbe

Cabinet

Cour

Vestibule

Mezee

Lieu pour mettre le Buffet

Cour

Vestibule

Salle a Manger

Plan du Rez de
Chosee de la Court

Gallerie

Gallerie

Remise pour
les Carosses

Cour pour
les Basses cour

Escurie

Entrée

Perches

Costé de la Rue

ANTHOINE LE PAVTRE. Architecte du Roy. auec priuillege.

5   15 Thoizes

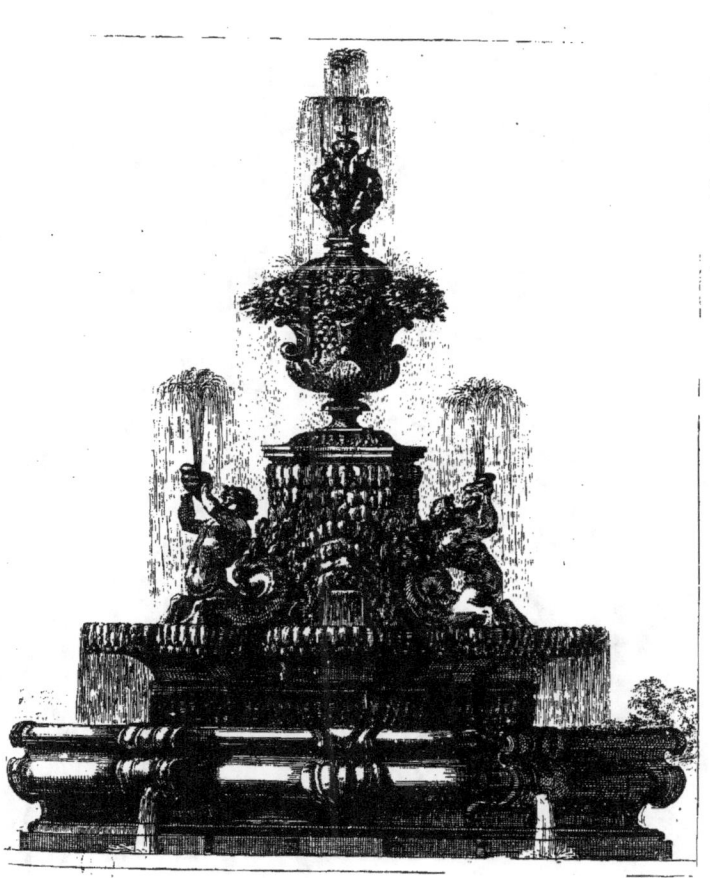

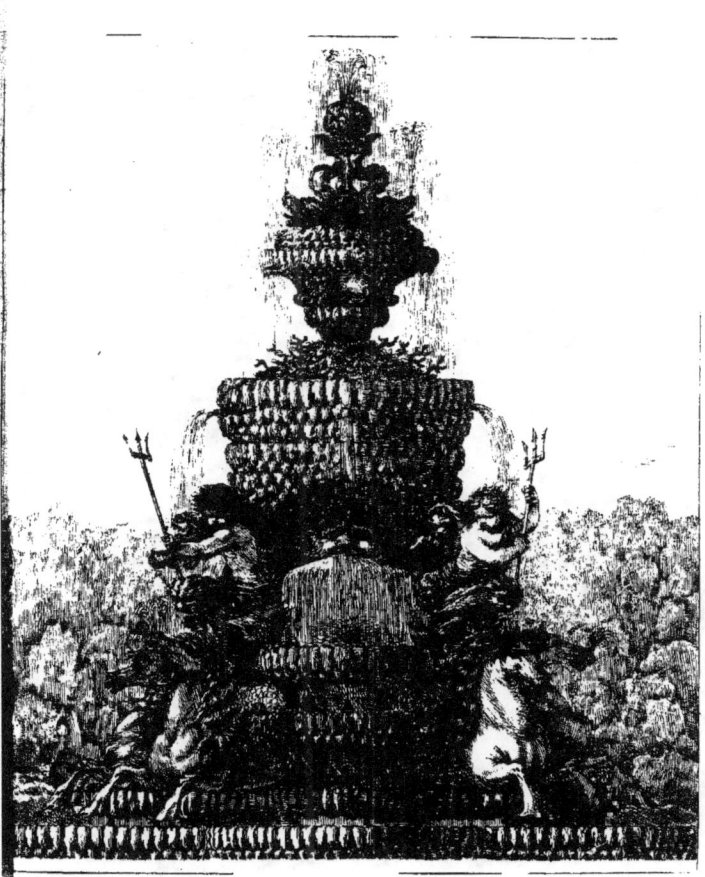

DISCOURS QUATRIÉME.

LE quatriéme Baſtiment eſt encore une maiſon de campagne qui ne cede point en magnificence à celles qui ont eſté raportées cy-deſſus ; le deſſein en avoit eſté fait pour une place propoſée à l'Architecte. Il eſt expliqué en cinq planches, qui ſont le plan du rerz de chauſſée ; celuy du premier étage, une elevation en perſpective de tout l'Edifice, une moitié de la face, & l'autre du profil ſur la longeur, & une élevation d'un des coſtez.

Les faces ſont reſpectivement pareilles, de ſorte que celles de devant & de derriere ne ſont qu'une, comme les deux des coſtez une autre. Tout le corps du baſtiment eſt interpoſé entre deux cours, & il ſeroit difficile de decider quelle eſt celle par où on entre, ſi dans l'elevation en perſpective on ne voyoit un Peron qui fait croire que de la face qui eſt repreſentée ſur l'arriere-cour on deſcend dans le jardin, eſtant à ſuppoſer qu'il y a un Pont qui ne peut pas eſtre veû, par lequel on entre dans la cour de devant, & le plan general n'eſtant pas fait, laiſſe encore ce prejugé plus indecis. On ne voit aucunes dependances & les baſſes cours ſont eloignées du grand corps de baſtiment. Ce Château tient dans ſa diſpoſition quelque choſe de celuy de Maiſons qui a un parterre au lieu de l'arriere cour, & les écuries & baſſes cours ne font point partie & ne ſont point attachez à la maſſe de l'Edifice.

L'elevation des cours en terraſſe eſt de plus de quatre toiſes ſelon l'échelle, & il n'y a que ſeize marches aux Perons ; il y a apparence que cette échelle n'eſt pas juſte, & ce qui le confirme eſt la diſproportion qui eſt entre les pieces qui ſont pour le logement, & celles qui ſont pour la decoration, car le grand veſtibule auroit plus de vingt toiſes de largeur pris au derriere des colonnes, & plus de vingt deux de hauteur, ce que les plus grandes Egliſes n'ont pas, & la ſalle des Thermes de Dioclerien à Rome n'a que quinze toiſes ; ainſi l'ordre Corinthien de ce veſtibule auroit plus de ſix pieds de diametre, & les colonnes de cette ſalle antique n'ont que quatre pieds & quatre pouces. Il n'y avoit que le Frontiſpice de Neron où les colonnes en euſſent plus de ſix, puis qu'elles auroient un pouce de plus ſelon le haut d'un pilaſtre qui en reſte. Ainſi il ne faut rien conferer avec l'échelle, mais ſeulement comparer les pieces les unes avec les autres dans l'étendue qu'elles paroiſſent.

Il n'y a point de plan des cuiſines, offices, ny ſalles de commun ; le profil & l'élevation du coſté du parterre font aſſez voir qu'elles ſont dans le maſſif de la terraſſe qui ſeroit ſuffiſant de reſte, s'il eſtoit vray qu'il euſt vingt-quatre pieds de haut.

Le grand veſtibule eſtant un paſſage pour les caroſſes d'une cour à

D

l'autre, n'a point d'élevation, ainſi que les petits qui ſont aux coſtez & les quatre aparcements ſont elevez de quelques marches. Il y a peu de logement dans cet Edifice pour la grandeur de la place qu'il occupe, & le milieu n'eſt employé qu'en veſtibules & eſcaliers, le grand Porche qui ne ſert que de paſſage & de veſtibule pour les deux grands eſcaliers, a ſix entrées toutes égales, en ſorte que les caroſſes peuvent paſſer en croiſant comme de front; il eſt Octogone dont quatre coſtez ſont grands & les autres petits; les grands ont des renfoncements ornez chacun de deux colonnes & huit pilaſtres angulaires en ſaillie qui portent la retombée de quatre Arcs qui forment la voute en lunettes; le Porche ne donne point entrée aux apartements, tant du retz de chauſſée que du premier étage; & pour y aller à couvert il faut paſſer par quatre coridors ou galleries au bout de chacune deſquelles eſt un veſtibule rond, par lequel on entre dans un autre carré, & delà dans une grande ſalle qui communique deux apartements, dont la diſtribution eſt pareille, & ſont compoſez de cinq pieces, ſçavoir une antichambre ovale, une chambre, un cabinet, une garderobe, & une autre petite chambre. Toutes les entrées des grands & petits apartements ſont de meſme largeur, & les caroſſes peuvent encore paſſer ſous les grands eſcaliers; & outre ces grands il y en a quatre petits triangulaires, pour monter depuis les offices juſques ſur les combles, ſans huit autre petits en coquille, pour monter aux entre-ſolles qui ſont au deſſus des petites pieces à coſté des grandes. Le corps du milieu eſt d'une grande ſolidité & decoration; & l'Art & le genie de l'Architecte y ont plus de part que l'utilité qu'on en pouroit tirer.

On monte au premier étage par deux grands eſcaliers qui ſont egaux en nombre & en longueur de marche; il y a deux rampes à chacun, la premiere eſt de vingt-quatre degrez, & la ſeconde de vingt-ſept, de ſorte que ſi ces degrez n'ont pas plus de cinq pouces de haut (ce qu'ils ne doivent guere exceder dans les principaux eſcaliers) le premier étage aura environ vingt-un pied de hauteur, les rampes s'élevent prés de dix pieds, & c'eſt ce qui n'eſt point approuvé aujourd'huy, puis qu'un tel eſcalier ne doit avoir de rampe plus haute que de neuf juſques à treize marches, parce qu'il faut que celuy qui monte, voye en poſant ſon pied ſur la premiere marche le palier où il ſe doit repoſer; toutefois les plus grands eſcaliers des Palais des Modernes ne ſont point de cette maniere, ainſi qu'on le peut voir au Vieux Louvre, à la Chambre des Comptes, & comme il eſt au Palais Farneſe, & au Capitole à Rome, où en deux rampes on monte au premier étage. Ces exemples ſi conſiderables pouroient en autoriſer la pratique, ſi on objectoit que tels eſcaliers ſont de fatigue, & ne ſe mettent plus à preſent en uſage, ainſi qu'on le voit dans tous les nouveaux baſtiments, où on monte au premier étage par trois ou quatre rampes. Cependant il ne faut pas inferer que cela ſe doive faire pour monter aux Egliſes parce qu'il en reſulteroit un mauvais effet: Auſſi on ne l'a pas fait aux Porches des Egliſes du Val-de-grace &

de la Sorbonne. Pour ce qui est des regles que les Anciens ont tenu dans les escaliers, comme il ne nous en reste point de vestiges, on n'en peut apporter aucun exemple; les petits escaliers des Arcs de Triomphe & des Amphitheatres ne servant pas en cette occasion.

La distribution du plan du premier étage donne quatre apartements egaux en grandeur & en nombre de pieces, une grande salle de la mesme grandeur que celle de dessous de chaque costé les separe & les communique; elle a trois fenestres sous le Porche qui occupe les deux étages, cette salle est ornée de vingt-quatre colonnes, chaque apartement a une antichambre commune à deux grandes chambres, un cabinet, & une garderobe: les deux apartements d'un costé ne se communiquent que par deux galleries ou coridors en demy-cercle, ainsi que de l'autre, & qui sont pris comme dans l'épaisseur des murs, & sont voutez. L'ordre de la grande salle est Corinthien, & sur un piedestail au dessus de l'entablement sa voute commence, elle est de plain cintre: la hauteur de cette piece excedant les autres du logement fait un Attique au dessus des terrasses qui est orné de pilastres, de bossages, de vases & couvert d'un comble. Le grand ordre de dehors est égal à celuy du grand Porche ou vestibule & sont tous deux Corinthiens, quoy qu'il ne regne pas dans les quatre demi-cercles qui ne sont revestus que de bossages, toutefois son entablement couronne tout le bastiment; il y a à l'avant corps du milieu quatre pilastres à chaque face, & il n'y a que huit colonnes en dehors, quatre à chaque Porche des costés; les pilastres ornent les deux corps de bastiment sur les jardins qui forment la grande face des pavillons avancés, & sur le retour des angles les pilastres sont doubles & angulaires, & c'est la meilleure maniere que l'on puisse pratiquer estant la plus vray-semblable, & non pas comme il a esté fait aux pavillons du College des quatre Nations, où l'angle du massif forme un troisiéme angle avec les deux des pilastres sur le retour, & il vaut mieux le laisser entier que de reffendre cet angle de la profondeur de la saillie du pilastre, comme on a fait au modelle de l'Arc de Triomphe du faux-bourg saint Antoine; & ce n'a esté que pour donner le choix de la maniere qui est opposée à l'autre coin où il n'y a qu'un angle. Cet ordre posé sur un piedestail qui est à hauteur d'apuy de la balustrade de la terrasse, & qui ne luy sert que de zocle, n'estant pas proportionné au pilastre; aussi en dedans du Porche il n'a ny corniche ny base, par consequent est reputé zocle & non pas piedestail. Ce grand ordre embrasse deux étages, & ce n'est pas une petite difficulté agitée dans l'Architecture de sçavoir s'il est suportable qu'un ordre soit coupé par un plancher & par consequent former deux étages, ou s'il faut un ordre à chacun: Les opinions des Architectes ont esté divisées sur ce sujet; & si on a égard à l'origine de l'Architecture, il faut qu'il y ait un ordre pour étage, parce que chaque plancher à ses solives qui portent sur les somiers que les colonnes portent; & c'est l'ordre de la construction. Vitruve parlant des bastiments particuliers, & des especes de cours , n'admet point deux ordres , mais une feule colonne porte l'entablement qui forme un portique au deffus duquel eft le comble , & ainfi il y a l'étage du retz de chauffée & celuy qui eft au deffus, & par confequent un plancher eft interpofé entre les deux. Il eft vray que les colonnes font ifolées , mais les pilaftres qui doivent eftre vis à vis donnent lieu à la fuppofition. Le mefme Autheur dans fa Bafilique de Fano met un grand ordre qui coupent les bas coftez & les galleries en tribunes, comme a efté pratiqué à plufieurs Eglifes modernes, ainfi felon ces exemples on peut inferer que Vitruve ne faifoit point de difficulté fur cette queftion. Il faut voir fi les exemples la decident. Comme les fragments qui reftent des Palais antiques font fi ruinez qu'on ne connoit plus s'il y avoit des planchers au milieu d'un ordre, mefme au Palais Major à Rome dans les jardins Colonnes, & qu'on ne forme des apartements que fur des veftiges , ainfi qu'a fait Palladio dans fon plan des Thermes de Diocletien, dont on ne peut pas eftre affuré. Pour les Temples il eft conftant qu'ils n'avoient qu'un ordre comme on le peut voir à ceux de la Paix, de la Concorde, d'Antonin & de Fauftine, & à une infinité d'autres qui reftent de l'Antiquité, & Vitruve dans les differentes efpeces de Temples qu'il donne les fait de la mefme maniere, & l'Attique qui eft dans le Pantheon n'eft que pour atteindre à la proportion orbiculaire de cet Edifice dont le diametre eft egal à la hauteur, & aux Arcs de Triomphe on ne voit qu'un ordre; il n'y a donc que le Colizée, le Theatre de Marcellus & les autres Arennes de Nimes, de Veronne & de Pole qui pouroient faire croire que ce n'eftoit pas l'ufage des Anciens de mettre deux étages dans un ordre à ces fortes de baftiments. Mais les differents ufages des Edifices font naiftre des raifons pour l'un & pour l'autre maniere, outre qu'il y a bien de la diftinction entre les baftiments d'habitation qui font faits pour la neceffité , de ceux qu'on baftit par magnificence , & pour donner des fpectacles au peuple. Cependant il eft vray que les Maiftres de l'Art qui ont donné des proportions des ordres, n'ont eu autre intention, que de les fuppofer fur le retz de chauffée ou au plus fur quelque piedeftail ou degrez, car lors qu'on eleve plufieurs ordres les uns fur les autres, il arrive que celuy qui eft en haut (pour paroiftre tant dans fa proportion particuliere que par raport aux autres qui font deffous) fort des mefures qui font prefcrites par les regles generales de l'Art, ainfi qu'il eft au Colizée, où le quatriéme ordre, qui eft Corinthien avec des pilaftres, eft plus haut que le premier de plus de deux toifes & demi, & par confequent peze plus fur les ordres de deffous; & fi cet Amphitheatre eftoit bafti dans la penfée de la plus part des Architectes modernes, il y auroit un foubaffement de la hauteur du Dorique, & deffus un grand ordre , ou en pilaftres , ou demi-colonnes, qui embraffant deux étages, porteroit un Attique pour mettre les feneftres du quatriéme. Cette maniere conferveroit davantage la maffe, & il n'y auroit pas quatre cintures d'entablements qui ont quelque chofe de chetif pour un Coloffe entre les autres Edifi-

ces

ces. Il y a une remarque tres-confiderable à faire aux ordres du Colizée.
c'eſt que tous les diametres en ſont egaux eſtant de deux pieds huit pouces & trois quarts ; ce qui eſt ſingulier à cet Edifice & qui n'a point eſté,
ou rarement pratiqué dans aucun autre. Auſſi cela eſt il faux ſelon la
conſtruction, ou les corps doivent toûjours diminuer, ou faire retraite
à meſure qu'ils s'élevent, pour donner l'empatement neceſſaire à toute
la maſſe ; auſſi au Portail ſaint Gervais les trois ordres ont une plus
agreable proportion relative entre eux puis que le diametre de l'Ionique
tient la moyenne proportionelle entre le Dorique & le Corinthien, &
il eſt bien plus naturel qu'un fort Dorique porte un Ionique plus delicat,
& que cet Ionique ſoit plus maſſif que le Corinthien qu'il porte, parce
que les étages diminuent en hauteur ; & il paroiſt que le ſieur de la Broſſe
qui a baſti ce Portail ait voulu faire un ordre pour les bas coſtez de cette
Egliſe, un autre pour atindre juſques à la voute, & le troiſiéme pour
le comble. Lors que l'occaſion ſe preſente de ſe ſervir de trois ou quatre
ordres il ſemble qu'on devroit ſuppoſer que tous les fuſts des colonnes
fuſſent ſemblables à un grand maſt ou une perche & que ce maſt di-
minuant ſenſiblement par le haut, la tige en fût interrompüe par les
entablements ; ainſi on auroit les trois diametres inferieurs des colonnes
proportionnez, & l'ordonnance porteroit des fonds & ſolidement ; & le
diametre du Dorique par le haut ſeroit un peu plus grand que celuy du
bas de l'Ionique & ainſi du reſte. Ce qui n'empecheroit pas qu'on ne don-
na à la colonne le renflement qu'elle doit avoir. Les Gothiques dont
l'Architecture eſt oppoſée à l'Antique, ſuppoſent que ce ſont des perches courbées & noüées par les extremitez, qui portent des toiles, &
forment des tentes ou pavillons, & lors que la hauteur excede celle d'une
perche, ils en ont mis pluſieurs enſembles, & en ont fait comme un
faiſſeau pour leur donner plus de ſolidité; cependant ils n'ont jamais
fait diminuer ni leurs colonnes ou piliers, ni ces perches.
Michel Ange dans le dehors de l'Egliſe de ſaint Pierre du Vatican a
mis deux rangs de feneſtres (car les niches ont autant de grandeur que
les feneſtres) & un plinthe les ſepare, & il y a des endroits où il y en
a juſques à quatre l'une ſur l'autre pour la neceſſité des jours des eſcaliers
qui concourent à la Symetrie du tout & ſont regis ſous un meſme entablement, & dans un meſme ordre. Et il faut avoüer qu'au dehors d'un
baſtiment lors qu'il y a de la diſtance pour le voir, un ordre ſeul donne une plus grande idée de l'Edifice que pluſieurs petits par étage ; la
partie de la grande gallerie du Louvre qui a des pilaſtres compoſez paroiſt davantage que celle qui a deux ordres avec cet Attique interpoſé,
dont il n'y a point d'exemple, le grand ordre a eſté judicieuſement fait
par l'Architecte, à cauſe de la diſtance dont cet Edifice doit eſtre veu,
qui eſt l'autre Quay vis à vis : Pour les dedans pluſieurs ordres ſeroient
plus ſuportables qu'un grand ; & Michel Ange en a mis trois dans la
Cour du Palais Farneſe, & celle du Louvre en a autant, ce qui fait
une grande richeſſe d'Architecture, & il eſt conſtant qu'un grand ordre

D

au dehors diftingue un Palais de la maifon d'un particulier qui en a
deux ou trois. C'eft l'ufage de Florence, de Gennes, & prefque par
toute l'Italie ; toute fois à Venife il y en a peu d'un feul ordre, & beaucoup de plufieurs, comme la place faint Marc du cofté de la Monnoye,
le Palais Grimanni, & plufieurs autres, Tant d'exemples de l'une & de
l'autre maniere divifent l'opinion des Architectes ; cependant pour les
dehors un grand ordre eft plus agreable que plufieurs, ce qui fait voir
que les raifons vray-femblablement naturelles ne detruifent pas une
nouvauté lors quelle n'eft point extravagante.

Il faut remarquer que fur les faces qui regardent le parterre les colonnes qui font fur la mefme ligne des pilaftres regiffent l'entablement fans
faire retour ; il eft evident que l'entablement porte en dedans des pilaftres, comme on le voit par le profil ou la frife eft perpendiculaire
fur la colonne. Les fix manieres differentes de refoudre cette difficulté
font fi clairement expliquées & prouvées par les exemples Antiques, dans
le livre du fieur des Godetz, qu'on a jugé inutile de les raporter icy. La
hauteur du grand Portique s'élevant au deffus de l'ordre fait paroiftre
un Attique avec pilaftres & boffages, & huit fenestres qui éclairent la
voute du plain Cintre, elle eft de maçonnerie fans charpente au deffus,
& aprés des retraites en forme de degrez ou fieges comme ceux du Pantheon, il y a une grande terraffe avec des dales de pierre à joints recouverts dont le profil de l'appuy eft comme celuy du fiege de marbre qui
eft au pied du mur de face du Palais Farnefe ; ce profil reffemble à un ba-
luftre continu. Deux veftibules ronds au deffus des deux paliers entre
les rampes des grands efcaliers font couverts en domes fans charpente
encore à joints recouverts de ces voûtes dont les reins font plus foibles
que le milieu qui feroit d'une grande épaiffeur font croire que s'il y
avoit plus d'efpace entre la convexité & la concavité que la charpente
en a efté omife comme cy-deffus.

Il faut remarquer que dans tout ce plan on ne voit nul égoût pour
les eaux, quoy que la plus grande partie de cet edifice foit couvert en
plate-forme ; on y a oublié les defcentes d'eaux qui doivent eftre dans
des puifars pris dans le maffif, & lors qu'on y peut faire un efcalier de
fer autour du tuyau de defcente c'eft le meilleur, afin de l'éloigner de
la maffonnerie, car lors qu'ils touchent au mur il vaut mieux les faire
de poterie avec du maftic qu'avec du plomb, parce qu'il eft fujet à fe
pourrir lors qu'il eft enfermé. Il ne faut pas croire que les gargoüilles
de la grande cimaife qui regne au pourtour foient fuffifantes, & elles
ne font que pour la corniche feule d'aprés le focle du piedeftail de la
baluftrade.

Les quatre petites Planches qui fuivent font des paneaux d'ornement
du mefme Autheur, que les deux plafonds qui font aprés le premier
edifice.

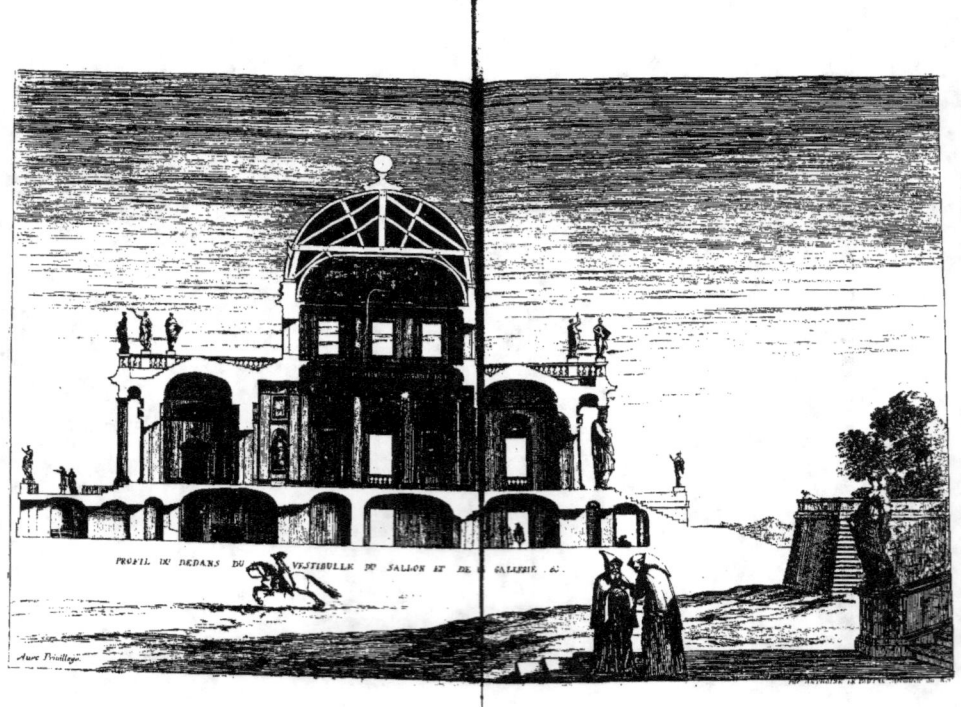

PROFIL DU DEDANS DU VESTIBULLE DU SALLON ET DE LA GALLERIE. 64.

Avec Privillege.

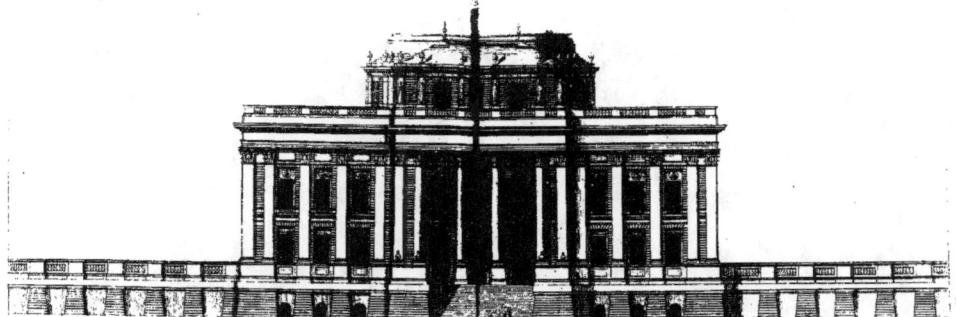

FASCE REGARDANT VN DES PARTERRES.

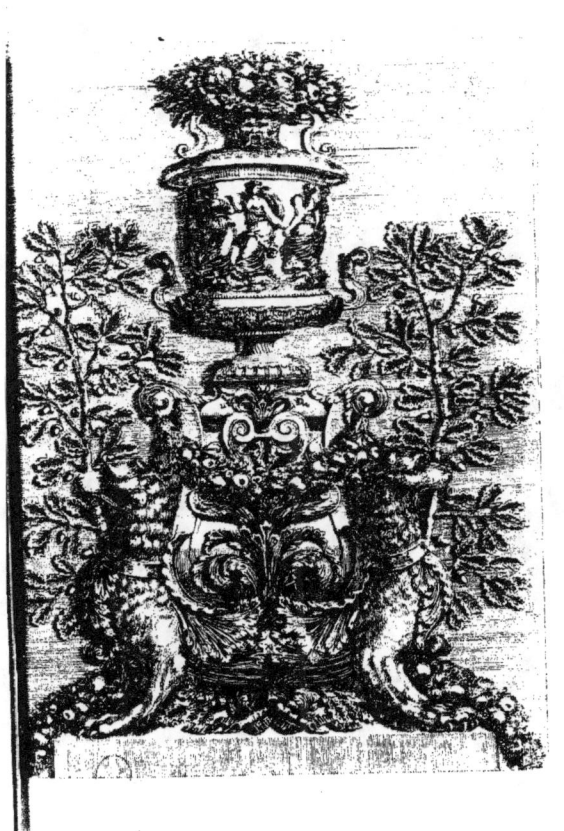

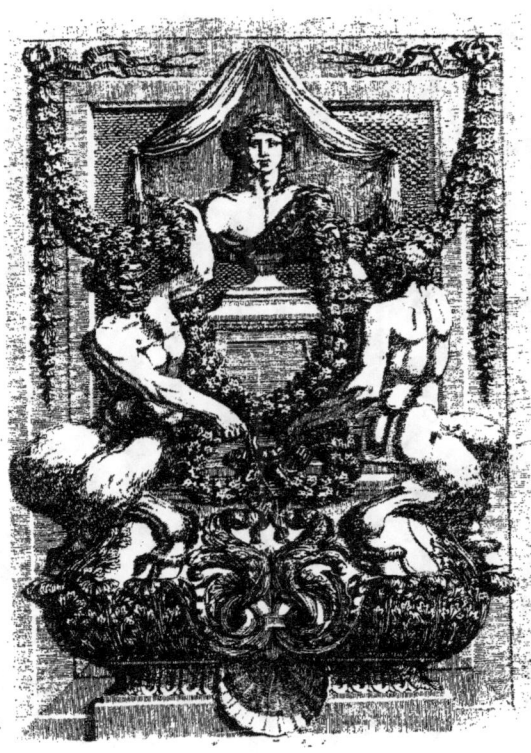

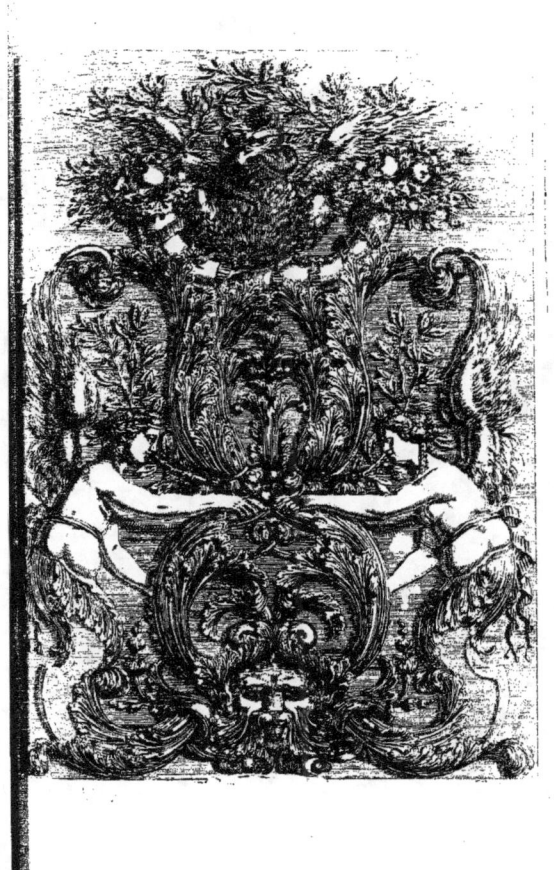

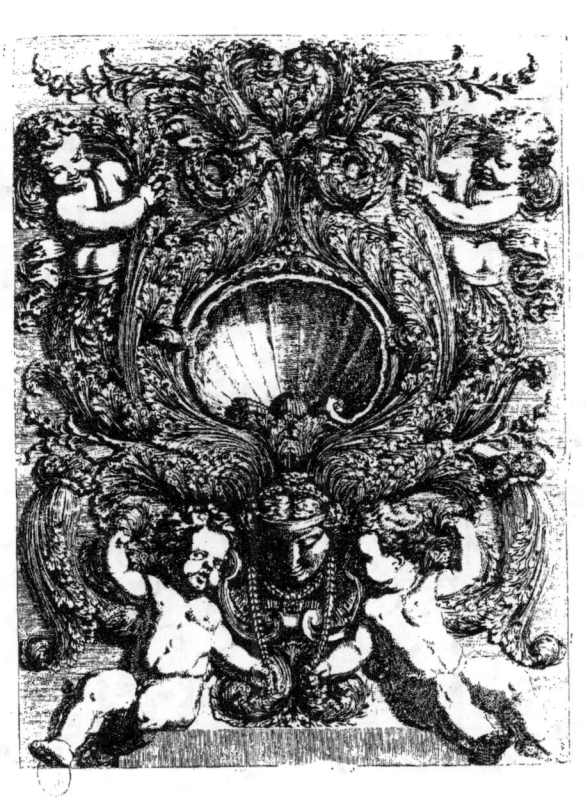

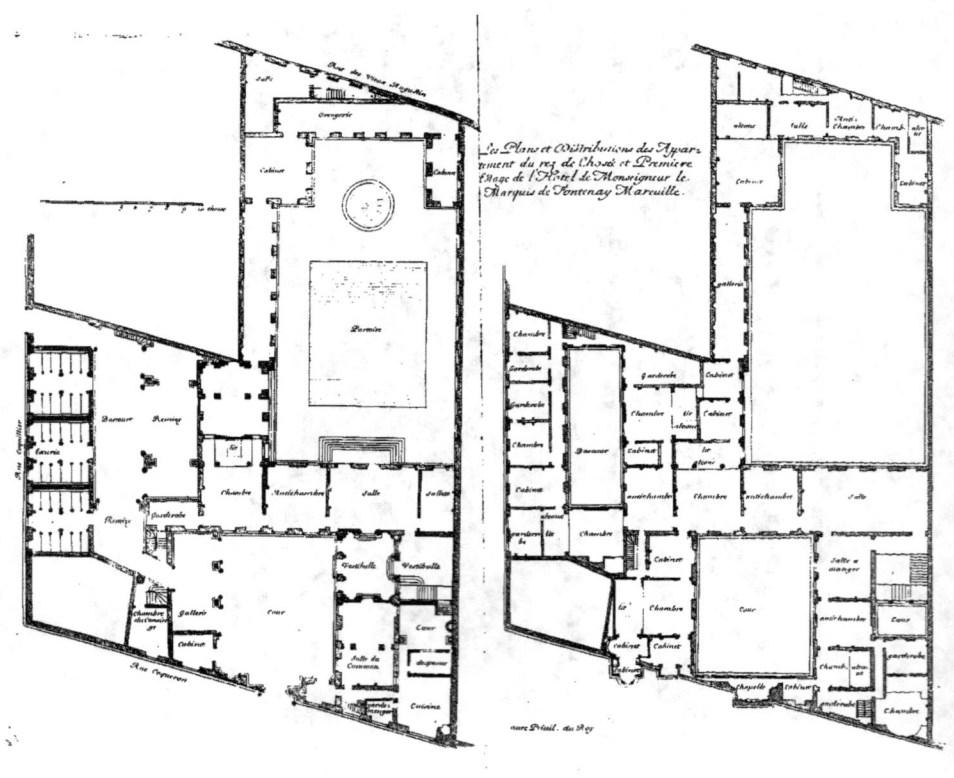

Les Plans et Distributions des Apar=
tement du rez de Chossé et Premiere
Etage de l'Hostel de Monseigneur le
Marquis de Fontenay Mareuille.

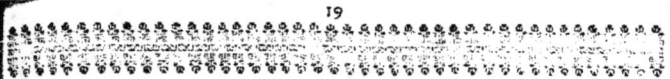

DISCOURS CINQUIEME.

E cinquieme édifice donne le deſſein de l'Hôtel de Fontenay-Mareüil, faiſant l'encoignure des rües Coquilliere & Coq heron. Trois planches en font voir la repreſentation : la premiere contient le plan du rez de chauſſée, & celuy du premier étage; & les deux autres en perſpective , ſont la face qui regarde le parterre, & l'élevation ſur la longueur du jardin,

Ce bâtiment eſt à preſent l'Hôtel de Geſvres, bien different de ce qu'il paroît icy, & le Sieur le Paultre avoit fait ces deſſeins pour Monſieur le Marquis de Fontenay-Mareüil, qui y vouloit faire des reparations & augmentations conſiderables, avec leſquelles il eût été difficile d'en faire une piece d'architecture, qui pût avoir rang entre celles qui ſe font diſtinguer par leur belle compoſition & decoration. Cette maiſon eſt d'une vieille maniere, & du temps que l'architecture commença à paroiſtre en France, y ayant plus de cent années de ſa premiere conſtruction, comme il eſt facile de le connoître par les ordres Dorique & Ionique ſans proportion ny deſſein, & par quelque chambranle de croiſée tout à fait Gothique : ce qui a fait qu'on s'eſt contenté de la rétablir dans ce qui étoit le plus neceſſaire, & la rendre de quelque utilité, en changeant la diſtribution des appartemens, ragréant les façades , & y faiſant une porte neuve.

Les plans & les élevations ne ſe rapportent pas plus entre eux, que les deſſeins à l'ouvrage; & lorſqu'on les a confrontez ſur le lieu, il a été difficile de reconnoître, ſi ce qui paroît icy ſur le papier, étoit le deſſein de l'Hôtel de Geſvres, ou celuy d'une autre maiſon rebâtie ſur la même place; outre que les élevations ſont celles du côté du jardin, qui n'ont point été faites. Quoique l'eſpace qui contient ce bâtiment, ait de l'étenduë, étant irregulier, & faiſant enclave d'un côté, il eût été difficile d'y donner de la ſymmetrie à cauſe de l'inégalité des angles, ce qui fait que les ailes de la cour ne ſont point pareilles; & cette diſparité paroît d'autant plus ſenſiblement, que la cour n'eſt fermée ſur la rüe que par un mur, & non pas comme elle eſt icy, où l'Architecte la rendoit reguliere ſur près de huit toiſes de largeur, & plus de neuf de profondeur. La diſtribution des appartemens eſt preſque la même à l'ouvrage, excepté quelques changemens de cloiſons qui ne ſont pas conſiderables. La baſſe-cour n'eſt nullement celle qui paroît icy. La grande porte qui a été faite dans le mur de face ſur la rüe, eſt neuve, & un ordre Dorique en fait tout l'ornement; cet ordre a deux paremens, l'un ſur la rüe, & l'autre ſur la cour; & l'entablement qui eſt plus haut que le mur, en fait le couronnement.

Le veſtibule qui eſt dans le fond de la cour à droite, eſt orné d'un ordre Dorique aſſez regulier; il y a des niches avec des bancs de pierres. Du veſtibule on entre dans la ſalle qui regarde ſur le jardin. Le grand eſcalier eſt

E

auſſi conſtru... de neut, & a plus de marches qu'il n'en paroît au deſſein; il
eſt couvert d'un dôme ſur quatre trompes, qui eſt de charpente, lambriſſé
de plâtre; ce dôme eſt un ovale fort long. L'eſcalier ne reçoit du jour que
par une petite cour qui eſt à côté. Les appartemens ſe ſuivent aſſez dans le
reſte; mais la baſſe-cour n'ayant pas été faite comme elle eſt icy, il n'y a
pas tant de pieces au premier étage comme il en paroît.

La façade qui regarde le parterre, en occupe toute la largeur, & on ne
voit point dans le plan deux petits pavillons qui prennent deux croiſées, de
ſept qu'il y a à cette façade, & ils ne paroiſſent pas non plus dans l'élévation ſur la longueur du jardin. Cette galerie, ny la même decoration qui
eſt vis à vis, n'ont point été faites, ny les pavillons du bout du parterre,
qui eſt terminé par une orangerie & une voliere.

La premiere des deux planches qui ſuivent, eſt le deſſein d'un reſervoir
ou château d'eau, & l'autre d'un petit bâtiment orné d'une grande fontaine. Or comme l'occaſion ſe preſente de parler de ces ſortes de fabriques
qui reçoivent l'eau des aqueducs, on a jugé à propos d'en entretenir le lecteur.

Les differentes ſituations des villes ont contribué à les rendre plus ou moins
habitables & frequentées; & l'eau étant abſolument neceſſaire aux hom-
mes, leur a fait rechercher les ſources & les rivieres preferablement à toute
autre commodité & plaiſir. Les ſources qui ſe ſont rencontrées ſur les montagnes, y ont attiré des colonies, non pas ſi grandes que les fleuves, qui ſer-
vent encore à conduire dans les villes les choſes neceſſaires pour leur ſubſi-
ſtance. Mais comme l'eau des rivieres n'eſt jamais ſi pure ny ſi ſaine que
celle des ſources vives, parce qu'elle eſt ſouvent troublée dans ſon cours par
quelque torrent, ou parce qu'elle peut recevoir des immondices des lieux par
où elle paſſe, on a recherché pour ces cauſes les fontaines dans leurs ſources;
& lorſque leur cours naturel prenoit un autre chemin que celuy des villes,
dont la ſituation avoit été choiſie à cauſe du voiſinage de quelque riviere,
il a été beſoin du ſecours de l'art. Ainſi on a fait venir des fleuves entiers,
dont les lits ont été faits par un travail autant penible, que leur origine étoit
éloignée du lieu où on les vouloit conduire. La longueur & l'inégalité du
chemin n'ont point rebutté les Romains de ces grandes entrepriſes; quoiqu'il
y ait d'autres villes conſiderables, où il ſe trouve des aqueducs, cependant
il n'y en a aucune qui, étant arroſée d'un fleuve, ait fait tant de dépenſe
pour porter de l'eau du dehors, que Rome, où on ne boit point de celle du
Tybre, bien qu'elle ſoit ſaine & claire lorſqu'elle eſt repoſée. Les reſtes des
aqueducs antiques qui s'y voyent encore, font connoître qu'on n'épargnoit
rien pour cette commodité; & de la quantité qu'il y en avoit, il n'en reſte
plus que trois à preſent, qui ſuffiſent; ce qui fait juger quelle étoit la grandeur de cette ville, lorſqu'ils étoient tous en uſage.

Il faut remarquer que deux choſes ont contribué à la ruine des aqueducs:
la premiere eſt la negligence de les entretenir, ce qui eſt commun à tous les
autres édifices, mais particulierement à ceux-cy, parce l'eau qui ruine ce
qu'elle rencontre, trouvant de l'ouverture, pourrit le canal par où elle paſſe,
& le ſoin d'y prendre garde eſt d'une grande ſujetion: & la ſeconde eſt la
conſtruction, laqu'elle ſe trouve defectueuſe lorſque les piles n'ont pas l'em-

pattement neceſſaire, & que l'ouvrage entier n'a pas aſſez de fruit de chaque côté, afin de retenir le canal qui peut être élevé d'une hauteur extraordinaire, pour ſe tirer de la plaine, & faire ſon chemin entre deux montagnes, conſervant ſa pente, nonobſtant les détours qu'il peut faire, & qui augmentent ſon cours quelquefois du double; le défaut de cet empattement les a fait verſer d'un côté ou d'un autre, comme il eſt evident par ce qui reſte des aqueducs antiques, qui etoient trop étroits ſur leur hauteur. De tous les aqueducs qui ont été bâtis, celuy qu'on nomme vulgairement le Pont du Gard eſt le plus digne d'admiration, en ce qu'il ſubſiſte encore depuis qu'il a été fait par les Romains pour conduire de l'eau dans la ville de Niſmes en Languedoc, ancienne colonie de la Republique. Il falloit faire paſſer l'eau d'une montagne à l'autre aſſez proche, mais dont la profondeur de la vallée qui eſt entre deux, par le milieu de laquelle paſſe une riviere, ſembloit rendre l'entrepriſe impoſſible: c'eſt pourquoy on a fait trois ponts l'un ſur l'autre, dont les arches du premier ſont plus grandes, & moindres en nombre que celles du troiſieme, qui ſont plus petites, & où il y en a plus; & on paſſe ſur le premier pont nonobſtant les piles du ſecond, qui portent leur charge en ſaillie; mais ce paſſage n'eſt que pour les gens de pied & de cheval. Le canal par où devoit paſſer l'eau (car c'eſt l'opinion commune que cet aqueduc n'a pas été achevé) eſt enduit d'un maſtic, dont la compoſition eſt inconnuë, & ce grand bâtiment eſt fait de groſſes pierres poſées à ſec. La dureté & la liaiſon de ce maſtic ou mortier dans la conſtruction des aqueducs eſt de telle conſequence, que le reſte eſt inutile, ſi on neglige de le faire bon, & d'y en mettre ſuffiſamment. Il s'en fait de diverſes manieres, & même outre la chaux & le ciment il y en a qui le corroyent avec de l'huile, pour empêcher qu'il ne ſe jarſe, lorſque quelquefois l'eau ſe baiſſant laiſſe à ſec ce qui étoit moüillé auparavant. Pour l'huile dans le mortier, Vitruve en fait mention lorſqu'il parle de la ruderation.

Outre que l'eau eſt d'une grande utilité dans une ville, elle eſt auſſi d'un ſingulier ornement, lorſqu'elle y vient en abondance; & il ſeroit à ſouhaiter, quand l'occaſion & le lieu donnent ſujet à quelque dépenſe publique, de faire joüer une ou pluſieurs caſcades de toute la chûte de l'aqueduc, auparavant que d'en diſtribuer l'eau au public & aux particuliers. On a profité avantageuſement à Rome plus qu'en aucune autre ville, de l'abondance de l'eau qui y entre; & quoiqu'il ne reſte aucun bâtiment antique de ces ſortes de regards ou châteaux, on peut juger par ce qui a été fait depuis un ſiecle, de ce qui ſe pouvoit faire ſur ce ſujet, lorſque cette ville étoit dans ſa plus grande ſplendeur. Après que Sixte V. eut fait reparer l'aqueduc de l'eau du champ Colonne, qui paſſe par la voye de Preneſté, ayant recueilli quelques-autres veines d'eau pour l'augmenter, après un cours de vingt-deux milles de longueur, cet aqueduc vient ſe rendre dans la place de *Termini*, où devant ſa diſtribution particuliere il ſe décharge par trois caſcades qui font l'ornement de cette place; & une grande piece d'architecture avec trois arcades renferme cette machine; dans celle du milieu on voit une ſtatuë de Moyſe, & dans celles des côtez des bas-reliefs. Cette eau eſt appellée *Aqua Felice*, du nom de ce Pontife, avant ſon élection.

Un autre aqueduc qui se vient rendre sur le Mont Janicule, est encore plus considerable, puisqu'il fait trente-cinq milles de chemin; depuis son origine de plusieurs fontaines du champ de *Bracciano*, il passe dans les vieux aqueducs de l'eau Alsietine, qui ont été reparez & augmentez, & le bassin pour le recevoir sur ce mont, est decoré d'une façade toute de marbre blanc, avec des colonnes de granite; & après avoir passé par cet arc de triomphe à trois arcades égales, il tombe par trois bouches dans un grand bassin avec quelques autres jets; & delà passant le Pont Sixte, après être remonté dans un bassin plus haut que le Pont, il retombe de vingt pieds dans un vase, avec tant d'impetuosité, qu'il ressemble à un torrent, ce qui termine agreablement une des plus belles rües de Rome. Cette eau est nommée *Aqua Paulina*, parce que Paul V. Pape a fait restaurer l'aqueduc, & bâtir ces fontaines. Il reste un sujet de magnifique dépense à la fontaine *del Trevio* près de l'Eglise de S. Vincent & de S Anastase, c'est l'Eau Vierge de l'ancienne Rome, qui a été estimée la meilleure qui entre dans la ville.

Le lieu que represente le premier dessein, ne sert pas seulement à renfermer l'eau, mais encore de logement au dessus; & il faut supposer que ce corps de logis n'a pas la même face derriere que devant, & que tenant à une autre partie, l'escalier est enfermé dedans, parce qu'il en faut un pour monter dans l'Attique. L'ordre Dorique est bien proportionné, & les parties de la frise espacées dans les regles: il eût été difficile de rendre les metopes carrez, si le pilastre eût été angulaire. Le plinthe qui porte les statuës sur les colonnes est bas; toutefois ce glacis sur la corniche fait que les figures peuvent paroître dans leur entier, de la distance de la hauteur du bâtiment: outre que la composition est belle, la sculpture qui doit convenir au sujet, est fort à propos, puisque ce sont des coquilles, des dauphins, & des masques de monstres marins.

Un des plus considerables ouvrages de ce genre est la Fontaine de S. Innocent dans la rüe S. Denis à Paris, c'est un vray Palais de Naïades, qui y sont representées si gracieusement, que ces figures, avec le peu de relief qu'elles ont, paroissent aussi rondes que la bosse; aussi cette fontaine est estimée pour sa noble architecture & incomparable sculpture, un des chef-d'œuvres de l'art: elle est de Jean Goujon, Architecte & Sculteur d'Henry II. Cet edifice qui commence à se ruiner, étant sorty d'un si habile homme, étoit digne d'être executé de marbre & de bronze, au moins de dessus le zocle qui porte l'ordre d'architecture.

Le dessein qui suit est un petit Palais de campagne, dont ne voyant icy qu'une partie de son plan, on ne peut pas juger de son étenduë; toute l'ordonnance en est fort agreable, & le perron luy donne un aspect avantageux. Pour l'avant-corps du milieu, il a quelque ressemblance de celuy qui est au fond de la cour du Capitole pour monter dans le Basilique du Peuple Romain, & qui est du dessein de Michel Ange; ne voyant pas par où l'eau tombe dans le bassin, on peut croire que c'est une nape de toute l'étenduë du zocle de la figure du Fleuve.

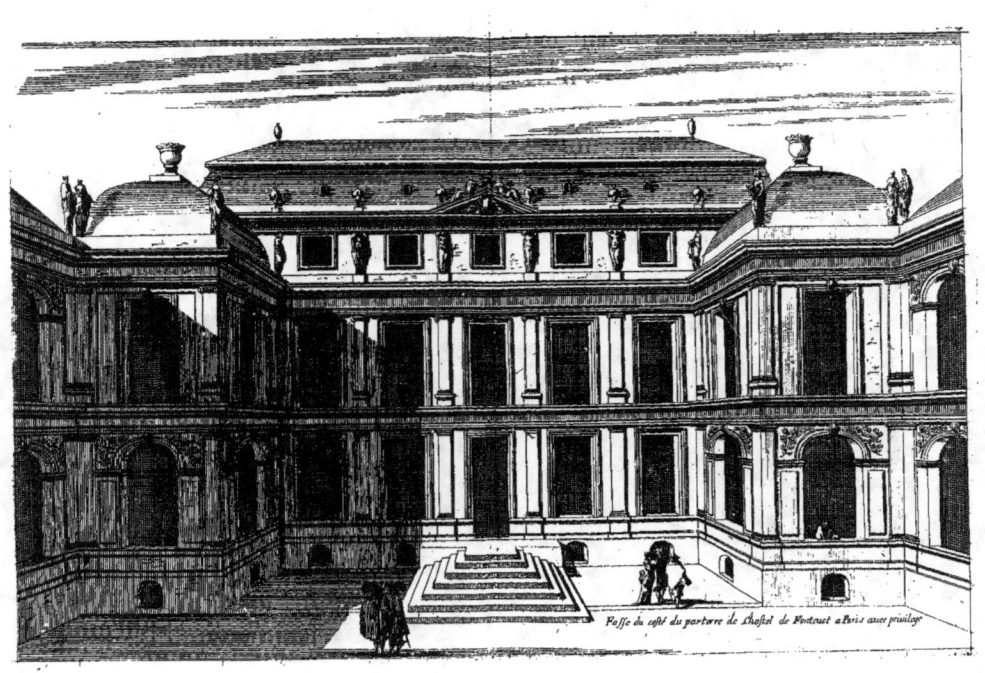

Fasse du costé du partterre de l'hostel de Fontenet a Paris auec priuilege

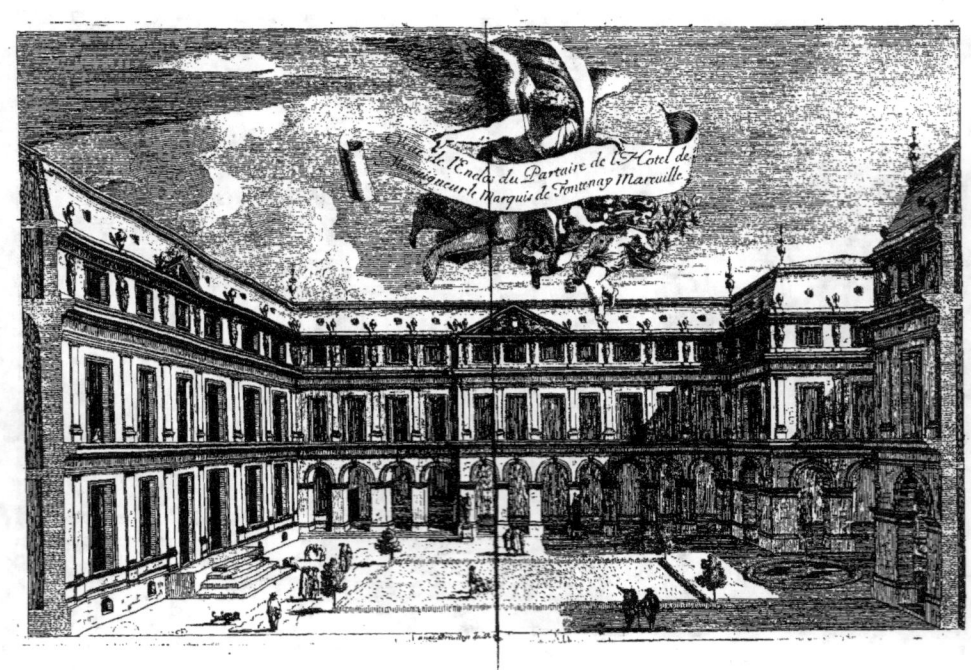

de l'Enclos du Parterre de l'Hotel de
...gneur le Marquis de Fontenay Marueille

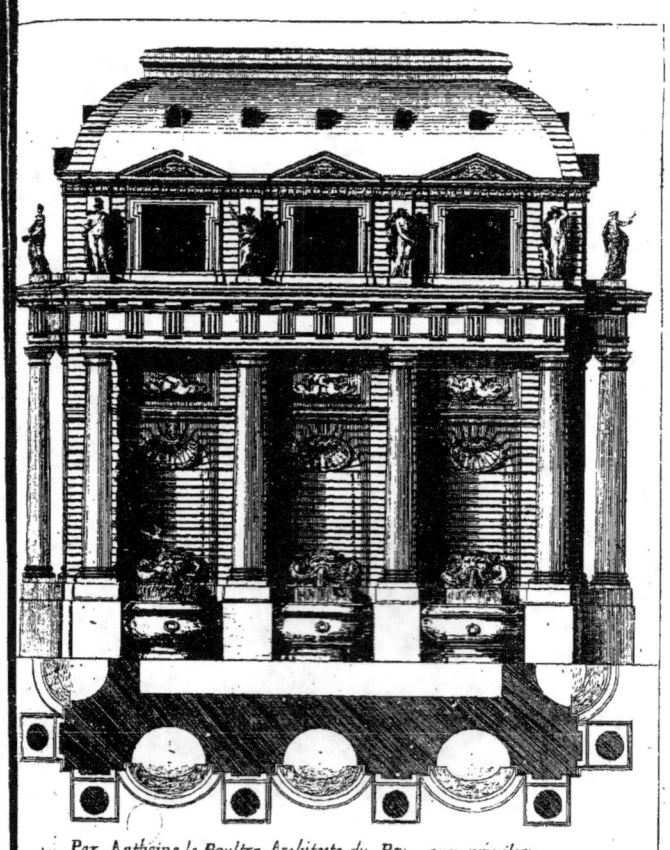

Par Anthoine le Paultre Architecte du Roy auec priuilege

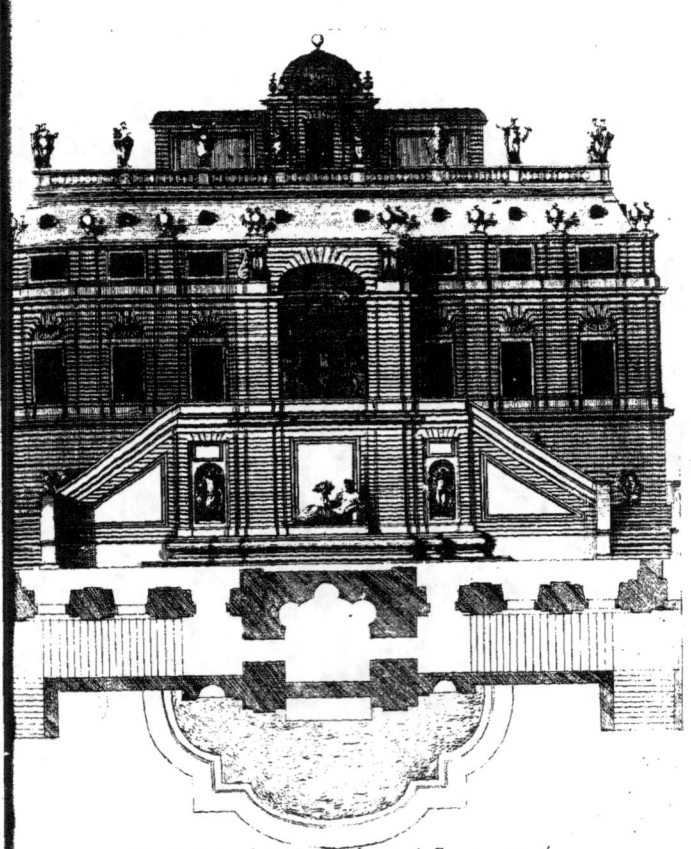

Par Anthoine le Paultre Architecte du Roy auec priuilege

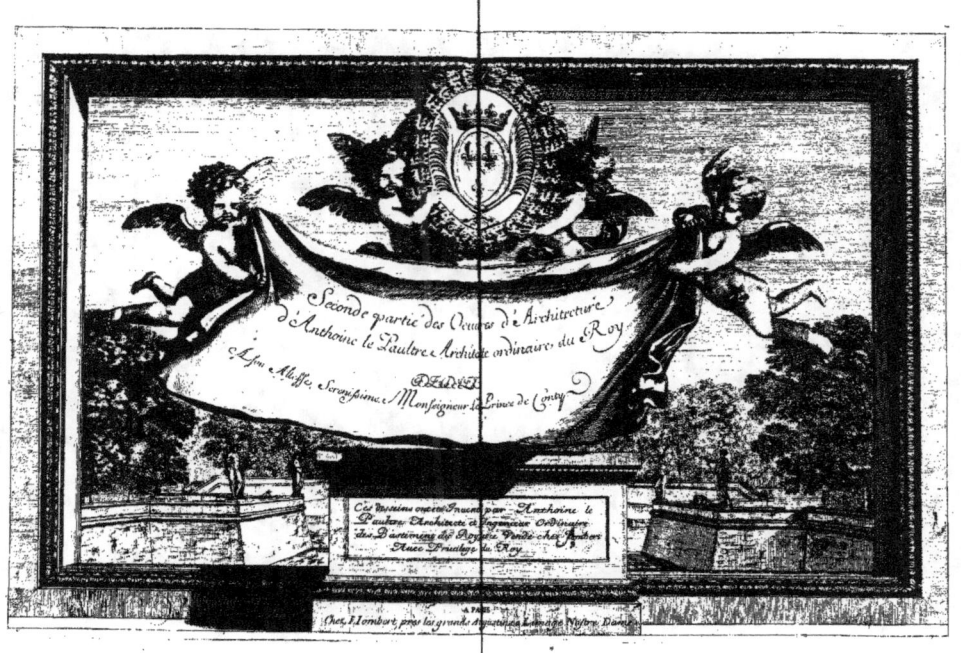

Seconde partie des Oeuvres d'Architecture
d'Anthoine le Pautre Architecte ordinaire du Roy

DÉDIÉ

A son Altesse Serenissime Monseigneur le Prince de Conty

Ces desseins ont esté Inventé par Anthoine le
Pautre, Architecte et Ingenieur Ordinaire
des Bastimens du Roy &c Vendu chez l'Author
Avec Privilege du Roy.

A PARIS
Chez F.Lombart, pres les grands Augustins à l'enseigne Nostre Dame

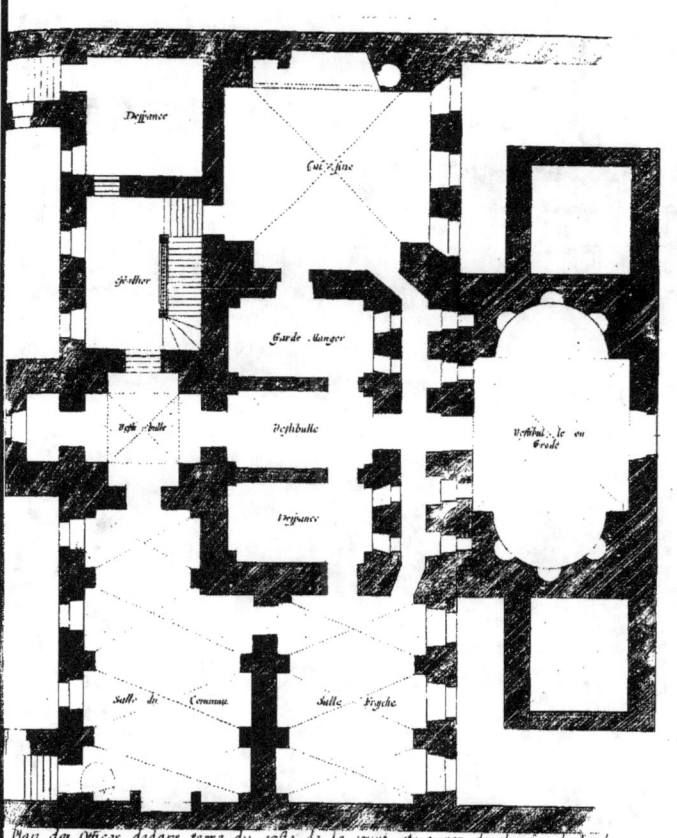

Deffance

Cuizine

Sellier

Garde Manger

Vestibulle

Vestibulle

Vestibule ou Grote

Deffance

Salle du Commun   Salle Fraiche

Plan des Offices dedans terre du costé de la court et a rez de chaubée du Iardin
Avec Privilege   Par Antoine Le Pautre Architecte du Roy

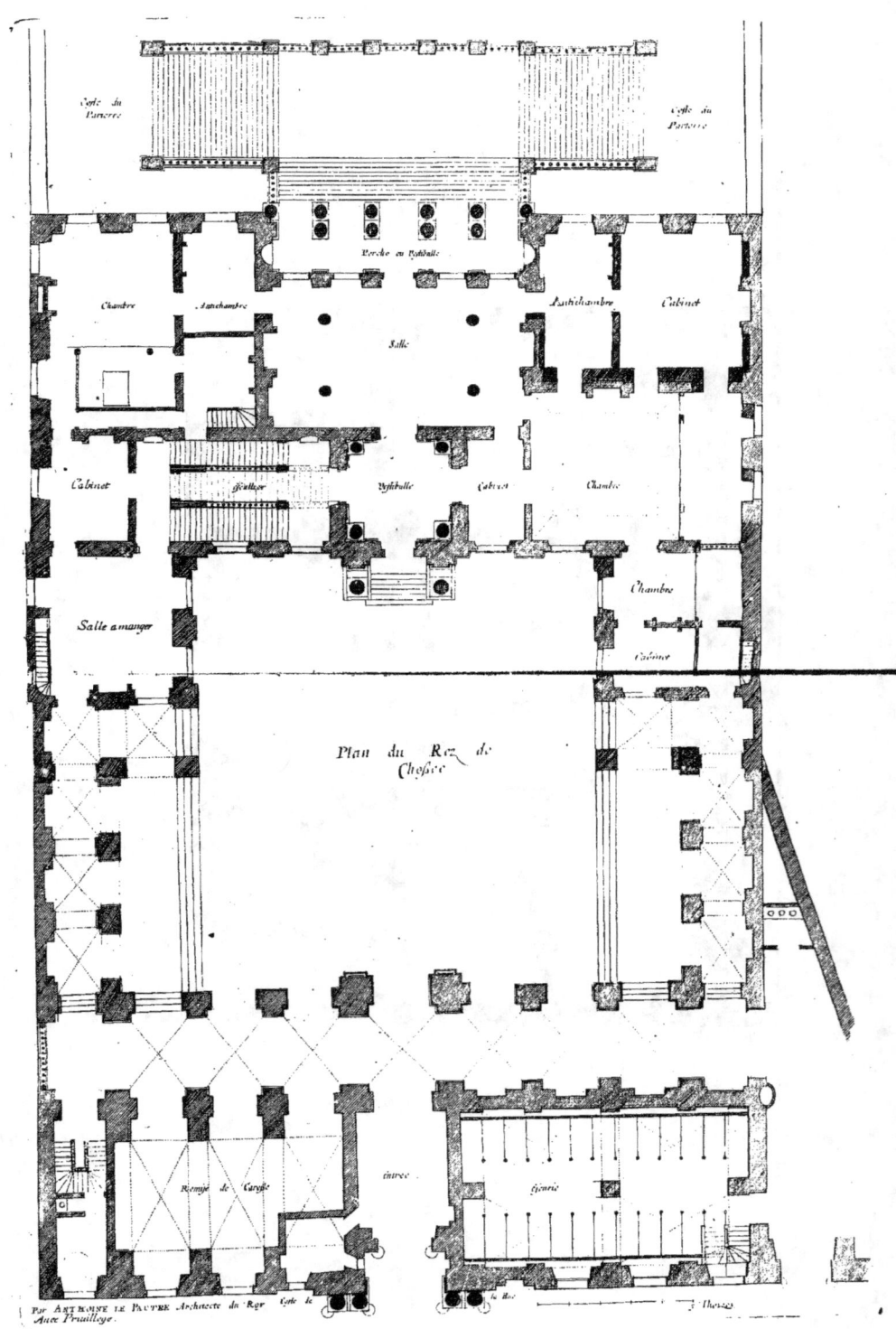

Certe du
Parterre

Certe du
Parterre

Chambre   Antichambre   Antichambre   Cabinet

Salle

Cabinet   Escalier   Vestibule   Cabinet   Chambre

Chambre

Salle a manger   Cabinet

Plan du Rez de
Chossee

entrée

Remise de Caroße   Escurie

Par ANTHOINE LE PAUTRE Architecte du Roy Certe de
Avec Privillege.

DISCOURS SIXIEME.

D ANS la seconde partie le premier bâtiment represente l'Hôtel d'une personne de qualité ; dix planches en font voir
le développement. Les trois premieres montrent le plan au
niveau du jardin, celuy du rez de chauffée de la cour, & le
premier étage ; & les sept autres donnent l'élévation de l'entrée sur la ruë, la face sur la cour qui luy est adossée, celle du fonds de la
cour qui est opposée à celle-cy, le profil de tout le bâtiment sur sa longueur, un profil sur la profondeur du corps de logis de derriere, deux
profils de l'écurie, un sur sa longueur, & l'autre sur sa largeur, & la façade
du côté du parterre.

On peut juger par les plans & profils, que la situation de cet édifice étoit
une place qui avoit été proposée à l'Architecte ; elle est reguliere, excepté
un triangle qui reste, & qui sert de cour pour les fumiers, auquel si on n'a
point d'égard, on verra que tout ce bâtiment a environ vingt-trois toises
de face sur trente-six de long, sans comprendre le perron par où on descend
dans le jardin. Cette place étoit considerablement hors de niveau, veu la
quantité de degrez de ce perron, & il y a plus de seize pieds à descendre,
ayant plus de trente-cinq degrez, ce qui donne une hauteur considerable
à l'étage souterrain au niveau du jardin, dans lequel sont renfermées les
pieces necessaires pour l'usage de la maison, comme la salle du commun,
la cuisine, dépense & garde-manger. La salle du commun est peu éclairée,
parce qu'elle ne reçoit du jour que de deux soupiraux ou abajours, qui ne
sont guere plus grands que ceux qu'on fait pour donner de l'air à une cave,
& étans ovales, ils donnent encore moins de lumiere : quoiqu'il y en ait trois
dans le plan, il n'y a que deux qui servent dans l'élévation. Quant aux petits soupiraux, pour éclairer un corridor, le garde-manger, la dépense & un
vestibule, ils ne devroient pas être marquez dans le plan de la grotte, dont
ils ne reçoivent point de jour, & ne peuvent être pratiquez que dans les
degrez qui sont au bas du porche dans l'étage au dessus, ainsi qu'il paroist
par le profil sur la longueur du bâtiment. Pour la grotte qui n'a du jour
que par la porte, ou par le milieu de sa voute avec une grille de fer, en a
suffisamment, & cette lumiere réüssit bien pour une grotte qu'on suppose
n'en recevoir que par une ouverture faite à la roche, dans laquelle elle doit
sembler être taillée. Elle doit être ornée de roquaille & de quelques jets d'eau:
on ne doute pas qu'elle ne pût être éclairée par deux croisées percées dans
le mur d'échife du perron aux côtez de la porte. Toutes les voutes de cet
étage sont à lunettes.

Pour le plan de rez de chauffée, qui détermine toute la grandeur de la
place, il y a des caves sur le devant, dont on auroit pu faire voir le plan,
si celuy qui est au niveau du jardin eût été fait de la même grandeur que

F

celuy du rez de chaussée; aussi voit-on deux corridors sous les portiques, pour communiquer ces caves avec l'étage au niveau du jardin.

Tout cet edifice est divisé en deux corps de logis, l'un de devant, & l'autre de derriere. Celuy de devant par le bas n'a qu'un grand portique, une écurie de vingt-quatre chevaux, & des remises pour les carosses. L'écurie est voutée de deux berceaux à lunettes; & si la voute eût occupé toute la largeur de l'écurie, étant surbaissée, on eût evité ces trois piliers qui empechent de passer commodément; & si les murs n'étoient pas assez forts, il seroit facile de mettre des tirans de fer aux retombées de la voute; & on eût aussi pu ôter les pilastres adossez au mur, en y mettant des corbeaux ou consolles pour servir de cousinet aux retombées de la voute, ainsi qu'il a été pratiqué aux écuries du Roy, tant à Paris à celle qui est à côté du Palais des Tuilleries, qu'à Versailles, parce qu'il est necessaire que le lambris des rateliers & les auges soient sans ressauts.

Outre le renfoncement de près de huit pieds de profondeur qui est en la grande porte, il y a encore deux colonnes de chaque côté hors du mur de face, ce qui rend l'entrée considerable, & la distingue des maisons des particuliers qui pourroient être voisines, quoique cette saillie anticipe sur la voye publique, lorsque la ruë est d'une grande largeur, c'est un ornement non seulement pour la maison, mais encore pour la ville, ainsi qu'il est facile de le remarquer dans la ruë S. Honoré, dont la grande largeur a donné occasion de mettre des colonnes en dehors au portail du Convent des PP. Feüillans, & à l'Hôtel de Pussort; le premier est Corinthien, & l'autre est Ionique.

Pour ce qui est de l'ordre de cette porte, il est Toscan; & l'entablement sert d'imposte à une grande arcade, dont le bandeau est fait du même entablement. Il y a peu d'exemples modernes de cette licence, (car il n'y en a pas d'antiques) mais particulierement de l'entablement entier, ainsi qu'il est à l'ordre. Il y en a à Paris, où la corniche retourne en bandeau d'arcade, à une porte de l'Hôtel Dieu ruë de la Bucherie, & à la Fontaine de la Porte S. Michel. Il est difficile de se servir des modillons d'une corniche qui en a, lorsqu'elle est cintrée, parce que s'ils sont à plomb, (comme ils doivent être) ils font un tres-mauvais effet, comme on le peut voir à des mutules Doriques de la porte de l'Hôpital des Petites-Maisons; & s'il y a des denticules, il faut qu'elles soient tracées du centre: ainsi ces sortes de pratiques sont vicieuses, & ne sont que des licences que des Architectes modernes ont introduit pour ne se pas servir de frontons, qui leur ont semblé trop ordinaires, & que les anciens ont repeté tant de fois sans se rebuter. Toute l'architecture de cette porte, qui est couronnée d'un fronton, forme un avant-corps qui a deux ressauts d'un côté plus que de l'autre dans le plan sur lequel a été faite l'élevation; & si la couverture eût retourné au droit de la corniche, cela eût fait comme deux pavillons: le toit en fait paroître un dans le milieu avec une lanterne carrée, qui seroit de bois couvert de plomb, quoiqu'il n'y ait pas de charpente dans le profil, elle a été omise. Elle sert à éclairer la chapelle qui est au premier étage; & ce qui la rend pesante, ce sont les quatre frontons, dont les deux des côtez sont inutiles.

Au bout du premier portique qui est adossé au corps de logis de devant, il y a une feneftre grillée, qui paroilt dans le profil, avec des baluftres dans le plan, & quelques feneftres fur ce mefme cofté au corps de logis de derriere; ce qui fait voir que cette place eftoit apparemment au coin d'un quartier, ayant face fur les deux ruës.

Le premier étage de ce corps de logis de devant confifte dans une grande piece fur l'écurie, qui pourroit eftre diftribuée, fi les greniers eftoient fuf-fifans pour la provifion du foin : ainfi cette piece ne fert que de grenier : le petit efcalier qui eft dans l'écurie, eft pour y monter du rez de chauffée ; & la rampe qui eft à cofté de la chapelle, fert pour aller dans le comble, s'il y avoit un faux plancher. Après cette piece fuit la chapelle, qui a un petit dôme & fa lanterne : elle eft ronde, avec quatre niches, on y entre par la terraffe, & n'a d'autre jour que celuy qu'elle reçoit de la porte & de fa lanterne ; l'ordre en eft Ionique. Le refte de cet étage eft un apartement d'une grande chambre, de deux cabinets, d'une garderobe, avec fon efca-lier particulier ; la façade qui eft fur la terraffe, eft decorée d'un ordre Attique.

La cour a près de quinze toifes de profondeur fur treize de largeur, fans les deux paliers élevez fur des degrez devant les portiques des coftez ; il n'y a que quatre degrez pour monter à ces paliers, & au veftibule dans le mi-lieu il y en a fept. Il faut qu'on ait oublié quelques degrez pour monter dans la falle à manger, & aux pieces de l'autre cofté, dautant qu'il devroit y avoir moins de degrez pour monter au veftibule, que fur ces grands pa-liers, parce que le pavé de la cour doit s'élever infenfiblement depuis la porte principale de la maifon jufques à celle qui eft au mur de face du corps de logis de derriere, tant pour l'égout des eaux, que pour faire pa-roiftre le fond de la cour comme fur une fcene. Le portique qui retourne fur les coftez au droit de la moitié de la profondeur de la cour, forme deux ailes qui accompagnent le corps de logis du fond : ainfi la face du bâti-ment qui eft adoffée, & celle de l'entrée, a plus de largeur de deux arcades, que celle du fond de la cour, qui luy eft oppofée.

L'étage bas du corps de logis de derriere eft compofé d'un veftibule carré avec quatre colomnes ifolées dans les coins, de leurs pilaftres derriere & aux coftez, & en fuite d'une grande falle, qui a auffi quatre colomnes ifo-lées, & d'une autre difpofition, qui font non feulement pour l'ornement, mais auffi par neceffité, afin de porter les murs de refends du premier étage. Il y en a une de cette maniere au Château de Verfailles dans l'apartement des bains. Ces fortes de falles avec des colonnes, que nous appellons à l'Italienne, & que Vitruve nomme à l'Egyptienne, ne font plus guere en ufage, parce que pour faire paroiftre la capacité d'un lieu, quelque grand qu'il foit, il en faut retrancher toutes les parties qui femblent le partager ; & fi à prefent on met des colonnes, c'eft plutoft dans des veftibules que dans des apartemens, où elles font non feulement d'une grande decoration, mais auffi pour les diftinguer des pieces qui fervent à l'habitation : c'eft pour-quoy les plus beaux veftibules en ont, fans eftre contraint par la fujetion de la diftribution du plan du premier étage. Celuy du Palais Farnefe à Rome à de petites colomnes de granite antique, dont le milieu eft un ber-

F ij

ceat de voute, & les deux coſtez, que l'on peut nommer les ailes, ont pour plat-fond des architraves, qui portent des colonnes iſolées à celles qui ſont attachées au mur. Au vieux Louvre, le grand veſtibule d'ordre Ionique eſt encore plus magnifique, n'eſtant pas ſi bas que celuy de Farneſe; & celuy de l'Hôtel des Invalides réüſſit aſſez, pour eſtre mis au rang des plus beaux. Palladio en a fait pluſieurs à Veniſe & à Vicence, pour eviter les grandes portées des voutes, dont la retombée auroit deſcendu trop bas, quelques ſurbaiſſées qu'elles euſſent eſté : la voute du Palais Pamphile à Rome devant le College Romain , dont la retombée porte ſur des colonnes iſolées, eſt une des plus remarquables à cauſe du peu de cintre qu'elle a, eſtant droite comme un entablement vers le milieu, par le peu d'exhauſſement du premier étage & la largeur du veſtibule.

Le reſte des pieces de cet étage compoſe un apartement de chaque coſté, dont les antichambr.s ſont petites à proportion des chambres; la plus grande de ces chambres, dont le plat-fond eſt marqué par des lignes ponctuées, n'a qu'une feneſtre & cinq portes, parce que les feneſtres de l'alcove ne ſont de nul uſage, tant à cauſe de la place où elles ſont, que pouvant eſtre contre un mur metoyen, elles ſeroient condamnées. De la ſalle on entre ſous un porche, dont la diſpoſition des colonnes eſt ſinguliere, eſtant accouplées non pas de front, mais ſur la profondeur; celles de derriere portent le mur de face, & celles de devant portent les colonnes qui ſont attachées audit mur au premier étage. Ce porche qui eſt dans œuvre, a des colonnes angulaires au plan, & à l'élevation ce ſont des pilaſtres qui repreſentent les Antes dont Vitruve parle, ainſi que des temples bâtis à la Toſcane, deſquels le porche eſt moitié dedans & moitié dehors, & la partie qui eſt renfermée dans le dedans, eſt terminée par ces Antes. Les entrecolonnemens de ce porche ſont diaſtyles, c'eſt à dire de trois groſſeurs de colonnes, & celuy du milieu eſt un peu plus grand, ainſi que le demande Vitruve, lorſqu'il dit, que ſi l'ordonnance eſt ſyſtyle, qui eſt de deux diametres, que l'entre-colonnement du milieu ſoit euſtyle. Les degrez ſur le grand palier du perron ſont immediatement après les baſes des colonnes; ce qu'il eſt neceſſaire de faire ainſi aux porches, à moins que les colonnes ne ſoient elevées ſur un zocle ou ſur un piedeſtail; parce que quand on monteroit du bas des degrez, les baſes ſeroient cachées par le dernier degré ou marche de palier. Enſuite par les deux coſtez on deſcend dans le jardin, ſur deux rampes de 15. degrez chacune, & ce grand perron eſt à decouvert, dont le grand palier doit eſtre pavé de pierre dure. Les dalles de pierre de ces ſortes d'ouvrages à decouvert doivent poſer deſſus des lits de moilon avec de la chaux & du ciment.

L'ordre qui regne dans l'étage du rets de chauſſée eſt Toſcan, dont il n'y a que deux colonnes au petit porche du fond de la cour, & deux pilaſtres vis à vis. Le mur & les arcades eſtant decorées de boſſages, cet ordre eſt le meſme que celuy de la grande porte ſur la ruë. Les appuis des feneſtres cintrées de la cour ſont comme des piedeſtaux, & font un bon effet, ſervant de baſe à la croiſée, qui peut eſtre comparée à une niche. Il y a pluſieurs Palais à Rome, où il y en a de cette maniere, qui a eſté pratiquée par Brapar Bramante, Jule Romain, & Michel Ange; & dont la grande Galerie du Louvre eſt un des plus notables exemples. Ces ſortes d'apuis de croiſées, quoi-qu'ils neſoient pas en cet endroit au niveau des piedeſtaux, ou zocles de l'or-dre, ont quelque choſe du *Podium* de Vitruve, puiſque c'eſt comme l'appuy d'une baluſtrade, & ſont mieux à l'étage bas, que des conſolles, pour por-ter la tablette d'appuy, dont on ſe peut ſervir aux étages de deſſus.

Le grand eſcalier de ce corps de logis a trois rampes pour monter du ve-ſtibule d'en bas à celuy du premier étage; deux de ces rampes ſont paralleles, & celle du milieu eſt portée ſur deux arcades. On entre à gauche dans cet eſcalier, contre l'opinion de quelques Architectes, qui pretendent qu'il eſt plus à propos d'entrer à droite, quoique cela n'ait pas été obſervé dans les plus conſiderables Palais, & qu'il s'en trouve preſque autant d'une maniere que de l'autre, la poſition de l'eſcalier dependant de l'expoſition des princi-paux appartemens, qui eſt un accident de la ſituation, & qu'il eſt difficile de changer ſans conſequence, lorſqu'on fait la diſtribution du plan. Et pour faire voir qu'il y a des eſcaliers à gauche dans des edifices conſiderables, ceux des Palais Farneſe, Gaetan, Altieri, Cafarelli, de la Chancellerie & du Capitole à Rome; & à Paris ceux de Luxembourg, des Hôtels de la Vrilliere, d'Avaux, d'Aumont, de Lionne, de Jars, & quantité d'autres, ſont de cette maniere: il y en a auſſi à droite, comme au Palais du Pape au Vatican & à Monte Cavallo, & aux Palais de Maſſimi, de Borgheſe & de Chigi; & à Paris au Château des Tuilleries, au Palais Royal, à l'Hôtel de Ville, au Châ-teau de Maiſons, & à un grand nombre d'Hôtels remarquables: ainſi ce n'eſt pas une neceſſité de s'attacher à cette circonſtance, lorſqu'on peut recevoir un plus grand avantage de la bonne expoſition des grands appartemens. La diſpoſition de l'eſcalier de ce deſſein eſt contraire à celle du Palais des Tuille-ries, puiſqu'on y monte par deux rampes, & qu'on entre dans les apparte-mens par une ſeule; & aux Tuilleries on monte du veſtibule par une ram-pe, & on entre par deux ſur le palier du premier étage. Les marches de cet eſcalier n'ont pas ſix pieds de large, & les trois rampes ſont égales; il ſemble que celle du milieu devroit être plus large que les autres, parce qu'elle doit recevoir elle ſeule ceux qui montent par les deux autres; outre qu'elle eſt remarquable par la quantité de degrez qu'elle a, ſans avoir un palier carré au milieu pour en interrompre la longueur, & que les appuis des deux ram-pes paralleles viennent terminer ſous la rampe du milieu, de ſorte qu'on ne peut conduire la main de bas en haut; ce qui ne ſeroit pas, ſi la baluſtrade de cet eſcalier étoit de fer, qui n'occuperoit pas tant de place que celle de pierre, où il faut un pied au moins à l'endroit des piedeſtaux qui ſe rencon-trent dans la grande rampe pour porter les tablettes d'appuy, parce qu'une pierre de cette longueur ne pourroit pas ſubſiſter.

Toute l'étenduë du premier étage de ce corps de logis contient peu de logement, & il ne ſe rencontre que deux appartemens, un grand & un pe-tit, avec un veſtibule dans lequel on entre par une arcade, dont l'architrave d'un petit ordre Corinthien eſt l'impoſte, & les pilaſtres qui ont plus de ſaillie dans l'élévation que dans le plan, avec ces ronds au deſſus de ces portes carrées, tiennent quelque choſe de la diſpoſition du petit ordre que Palladio

G

a mis dans le grand, aux portiques de la Basilique de Vicence. La plus grande
partie de cet étage est occupée par une grande salle de cinq toises & demie
sur neuf, & par une galerie de près de quatre toises de largeur sur dix-huit
de longueur. La salle n'a que deux fenêtres sur la cour, & deux autres dans
le mur de flanc du bâtiment, supposé qu'il ne soit pas metoyen. L'antichambre est encore assez grande à proportion de la petite chambre qui est
à côté, & la plus belle est celle qui occupe le milieu de la façade sur le jardin; les autres petites, tant celles qui composent l'appartement sur l'aile,
que celles qui sont sur le jardin, ont des escaliers pour monter à des entre-
solles, parce que sans de faux-planchers leur exhaussement ne répondroit
pas à leur étenduë. Il faut, comme on peut voir par le profil, que le pla-
fond des grandes pieces soit beaucoup plus élevé que la corniche qui regne
autour de la grande chambre. La salle est aussi cintrée en anse de panier
comme la grande chambre, dont le plat-fond a un enfoncement avec un
appuy d'entrelas; ce qui est propre plutôt pour un sallon que pour une
chambre à coucher, quand même elle ne seroit que de parade, comme peut
être celle-cy.

Les chambres de cet edifice sont voûtées d'une maniere assez difficile à
executer, principalement dans les grandes pieces; & la charpente des combles n'est pas dessignée avec exactitude, puisqu'on n'y reconnoît ny forces, ny
pavois, ny chevrons. Pour les combles, ils paroissent en épy sur la cour, &
brisez sur le jardin; aussi y a-t'il deux faîtes à cause de la grande profondeur
du corps de logis de derriere qu'ils couvrent, & dont le comble auroit ex-
cedé la hauteur du bâtiment, s'il eût été seulement fait sur un triangle équi-
lateral, qui auroit eu plus de douze toises de baie. Il y a entre les deux
combles une gouttiere, qui est d'une grande sujetion, parce que lorsqu'il y
a des neiges, qui ne s'écoulent pas si vîte que l'eau de la pluye, elles rentrent
par dessous le pureau des ardoises ou tuiles, & pourrissent la charpente, &
ont souvent fait beaucoup de dommage avant qu'on s'en soit apperçu. La
cage qui s'éleve au dessus du comble brisé sur le jardin, ne sert que pour
distinguer la partie du milieu des deux côtez, qui sont comme deux pavillons: cette cage ne reçoit du jour que des flancs.

L'ordre du premier étage est Dorique, & qui paroît bien distribué, autant qu'on le peut connoître dans un dessein de si petit volume. Il n'y a
que deux pilastres à la façade du fond de la cour; & sur le jardin il y a des
colonnes qui sortent du mur de plus de la moitié: cette ordonnance répond
à celle du rez de chaussée. Les ornemens des fenêtres du côté de la cour &
des ailes sont pris dans le massif du mur de face, contre le sentiment de
quelques Architectes, qui disent que le corps du mur ne doit point être al-
teré par quelque ornement que ce soit; & que les chambranles, consolles
& corniches ne doivent pas être nichées dans le mur, comme celles de Luxembourg; mais y être adaptées, n'étant pas des parties essentielles de l'é-
difice, qui peut être utile sans elles, mais seulement accessoires pour la dé-
coration: ainsi selon ce principe, les arcades, dont les bandeaux & impostes
vont terminer dans un arriere-corps, & non pas contre l'épaisseur des pilastres, ne sont pas recevables. Au dessus de l'ordre est un Attique, qui est un

peu plus du tiers de l'ordre compris son piedestail; les fenêtres en sont ovales couchez, & cette figure ne, réüssit guere que pour des lucarnes de charpente, garnies de plomb, qui n'ont au dessus qu'un petit chapeau cintré
avec quelque finiment; & elles sont incommodes dans un appartement qui
peut être encore d'usage, & n'est point reputé galetas, étant carré, à cause
qu'il faut assujetir les chassis, qui en dehors doivent avoir des rayons, &
dont le battis est carré en dedans à cause des siches.

Sur le milieu de cet Attique, à la façade du fond de la cour, il y a un
fronton qui s'éleve, pour mettre les armes du maître de la maison; & pour
donner plus d'étenduë à cette partie de l'Attique, le tympan du fronton y
est compris, & la corniche qui sert de base à ce fronton, retourne dans le
mur; ce que l'on pretend être une licence des modernes, dont on ne trouve
point d'exemple dans les bâtimens antiques : toutefois lorsqu'on regarde
cette pratique dans les ailes de la nef de l'Eglise de S. Pierre au Vatican, où
des frontons cintrez servent d'arcades, on demeure surpris du bel effet qu'ils
font, & dont l'aspect fait voir une magnificence extraordinaire, lorsqu'on
entre par la porte qui est parallele à celle que l'on nomme la Sainte.

Il faut observer que sur la façade du jardin les croisées des pavillons ont
trois frontons cintrez; & que quand il y a plusieurs frontons de suite, il les
faut distinguer par de differentes figures, comme il a été fait à la grande
galerie du Louvre. Cette difference de frontons se rencontre aux huits petits autels du Pantheon, & aux Bains de Paul Emile à Rome. Par le profil
des terrasses qui communiquent le premier étage du corps de logis de devant à celuy de derriere, on ne sçauroit remarquer dequoy elles peuvent
être couvertes : lorsqu'on y met du plomb, il faut y être obligé par un
plancher qui soit dessous, & cette couverture est sujette à de frequentes reparations, outre qu'il est difficile de marcher dessus : mais lorsqu'il y a une
voûte, la meilleure maniere est de se servir de petits pavez de pierre de
Caen, de trois à quatre poûces cubes, avec de la chaux & du ciment, comme on a fait sur le bâtiment de l'Observatoire, où il n'y a point de charpente; ce qui vaut mieux que la pierre de Liais, ou le carreau de terre cuite,
avec quelque mortier que ce soit.

Les deux planches qui suivent sont deux Portes de ville, comme celles
qui sont après le troisieme édifice, & dont on s'étoit reservé de parler ensuite
de ce sixieme; ce qui a obligé de s'expliquer sur les portes de ville.

Les Portes sont generalement pour l'usage & le commerce des villes; il
y en a pour la sûreté & pour la magnificence, & d'autres pour l'un & pour
l'autre. Jusques à present celles qui regardent l'utilité, ont été nommées
Portes; & celles qui contribuënt à la decoration, ont été appellées Arcs de
triomphe, parce que c'est par elles que les Princes passent lorsqu'ils font
leurs entrées. Les villes fortifiées, comme les frontieres des Etats, ont des
portes pour leur sûreté, & le moins qu'elles en peuvent avoir est le meilleur; & plusieurs places fortes n'en ont que deux, une d'entrée, & l'autre de
sortie. Il n'est pas besoin d'ornemens à celles-cy, parce qu'elles sont expo-
sées aux insultes des ennemis, & aux coups de canon; aussi leur architecture
doit avoir quelque chose de terrible : on y employe des canons pour co-

lonnes, & le peu d'ornement qui y doit être, ne sont que des armes, dont les trophées marquent la valeur de ceux qui sont dans la ville pour la défendre; il n'y faut point de parties détachées, reservant ce qui peut être d'une architecture delicate, pour les dedans. Pour les Arcs de triomphe, on ne les peut assez orner & enrichir, pourvu que ce soit sans confusion. Il se rencontre à Paris de ces trois sortes de portes; celles qui sont pour la sûreté, comme les portes de S. Jacques, de S. Marceau & de S. Victor, se distinguent assez de celles qui sont pour la magnificence, telles que sont l'Arc de triomphe du fauxbourg S. Antoine, de la Porte du même fauxbourg, & celles de S. Denis & de S. Martin. Quant aux autres qui outre la sûreté ont encore quelque magnificence, il y a celles de S. Honoré, de la Conference, de Montmartre, & quelques-autres; & c'est de cette derniere maniere que sont les portes que propose notre Architecte.

Depuis quelques années, après avoir consideré que les villes qui sont renfermées dans le dedans du Royaume, n'ont pas besoin de fortifications, comme celles qui luy sont frontieres, on n'a plus mis en usage ces sortes de portes à l'ancienne construction, outre que la maniere de fortifier est entierement changée: ainsi bien loin de rétablir ou entretenir les vieilles portes, on les a abattues pour en faire à la moderne, & donner quelque embellissement à des villes que leur grandeur rend formidables aux ennemis. On en a donc fait ensuite comme celles de la Conference & de S. Honoré, où l'on a joint quelque ornement à la sûreté qu'on pretendoit qu'elles dussent avoir. Enfin la ville de Paris s'étant si fort aggrandie depuis ce siecle, on a joint dans les dernieres années les fauxbourgs à la ville en plusieurs endroits, & on s'est contenté de fausses-portes ou barrieres à l'entrée des fauxbourg, pour les distinguer de la ville, dont les portes sont si magnifiques, que chacune est un arc de triomphe; la sculpture n'ayant pour sujet que les conquêtes de LOUIS LE GRAND.

Les deux premieres portes du troisieme Discours sont d'un assez beau dessein, les bossages & l'ordre Toscan conviennent fort dans cette sorte d'ouvrage d'architecture, & toute la masse de l'édifice couvre suffisamment la rüe à l'entrée de laquelle elle seroit, quelque grande qu'elle fût; & quoique l'ouverture en soit petite, celles des Portes Montmartre & S. Honoré ne sont pas plus grandes: toutefois il faut prendre garde que la porte ne soit pas si petite, & que l'ouverture étant la partie la plus essentielle de ce genre d'édifice, elle soit aussi la plus remarquable; & que lorsqu'on fait une grande façade de bâtiment, il ne semble pas que ce soit l'entrée de quelque Palais avec des logemens sur le devant, mais d'une ville qui enferme les Palais. Pour celles-cy, la premiere n'est revêtuë que de bossages, & les bayes, tant la grande que les deux petites, sont carrées, & non pas cintrées; toutefois une arcade convient mieux pour de grandes portes, & est plus solide qu'un entablement. Les passages des petites portes sont en dôme sont mieux que s'ils étoient droits, parce que ces dômes semblent diminuer la grande longueur qui paroît une allée; & donnent de l'échapée pour passer. Quant à la derniere, elle est d'une architecture trop delicate pour être dans des murailles de fortification, & les ordres Toscan & Dorique y conviennent plus à propos que l'Ionique.

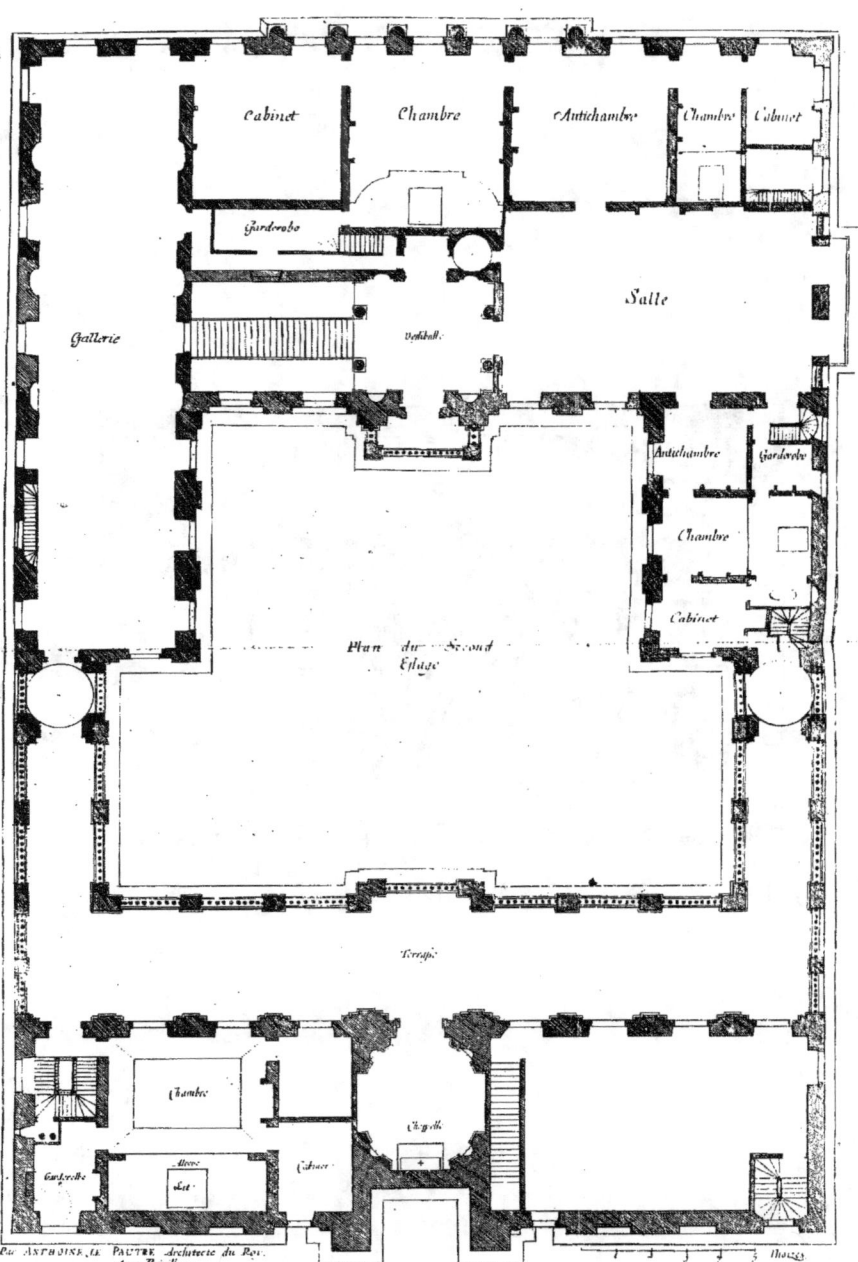

Cabinet   Chambre   Antichambre   Chambre   Cabinet

Gardevobe

Gallerie   Vestibull.   Salle

Antichambre   Gardevobe

Chambre

Cabinet

Plan du Second
Estage

Terrasse.

Chambre

Chapelle.

Garderobe   Alcove   Cabinet
              Lit

Par ANTHOINE LE PAUTRE Architecte du Roy.
Avec Privillege.

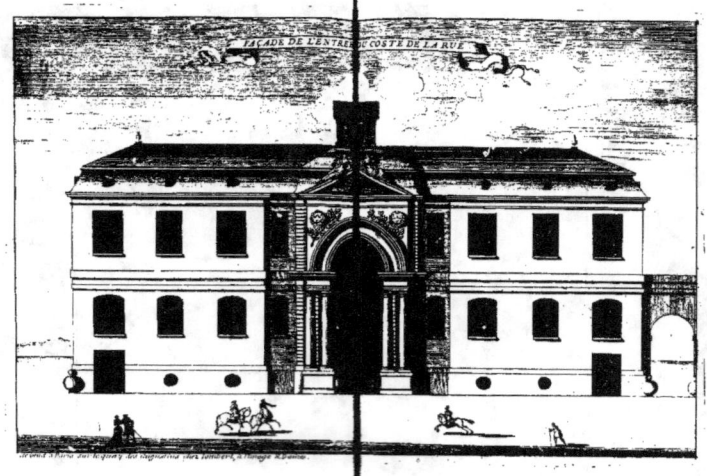

FAÇADE DE L'ENTRÉE DU COSTÉ DE LA RUE

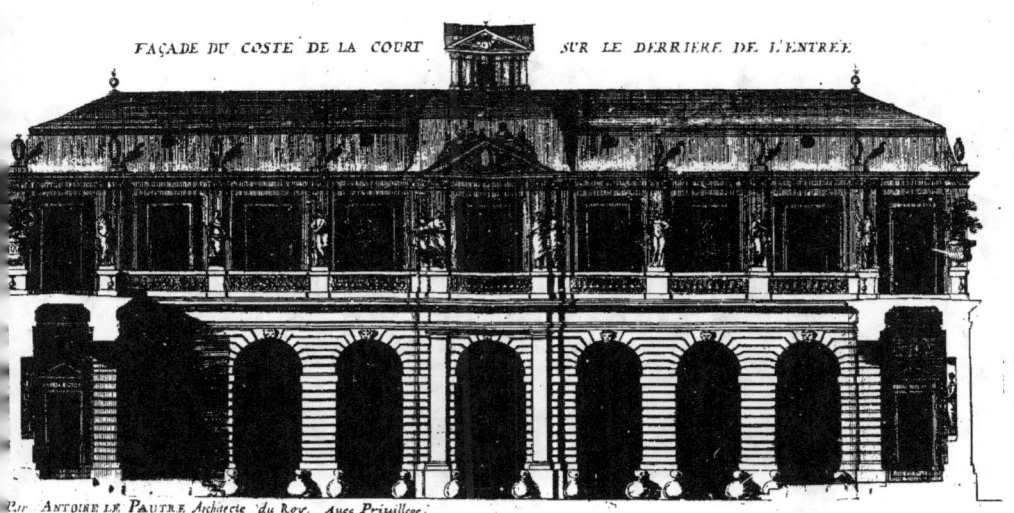

FAÇADE DU COSTE DE LA COURT　　SUR LE DERRIERE DE L'ENTREE

Par ANTOIRE LE PAUTRE Architecte du Roy. Avec Privillege.

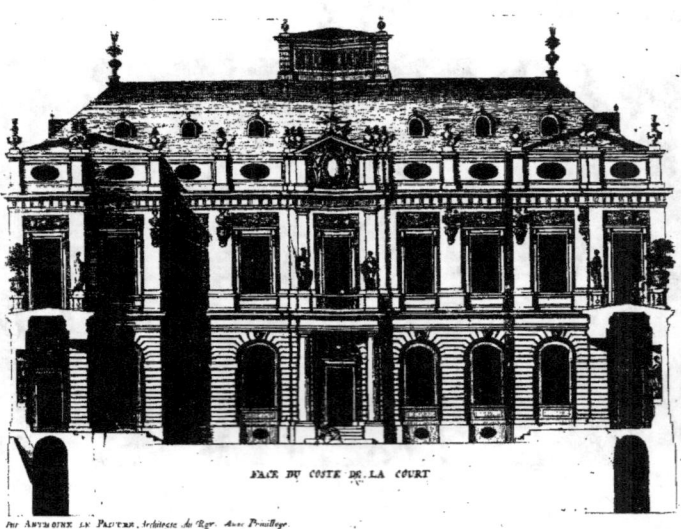

FACE DU COSTE DE LA COURT

Par ANTMOINE LE PAUTRE, Architecte du Roy. Avec Privilege.

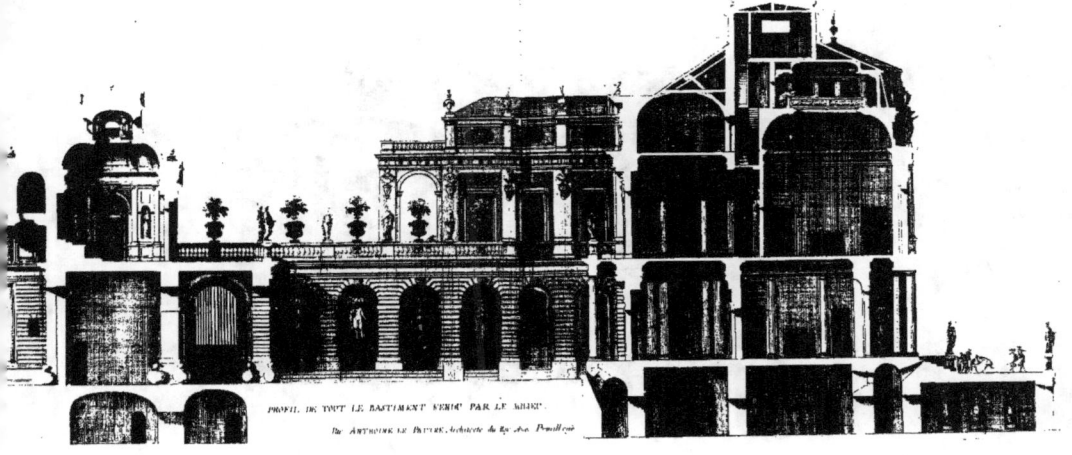

PROFIL DE TOUT LE BASTIMENT VEREU PAR LE MILIEU.

Par ANTHOINE LE PAUTRE, Architecte du Roy &c. Pensille

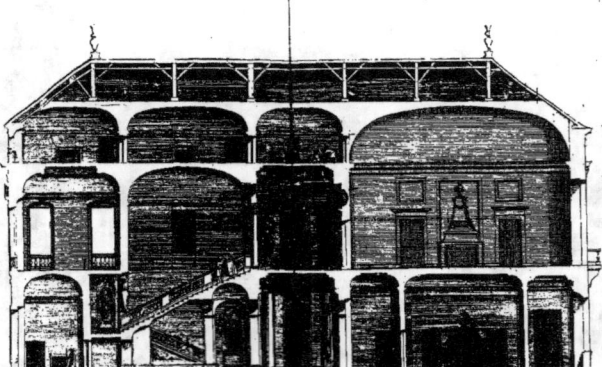

PROFIL ET DESSINS DE L'ESCALLIER DU VESTIBULE ET DE TOUT LE RESTE DE CE BASTIMENT &c
Par ANTOINE LE PAUTRE Architecte du Roy Avec Privilege

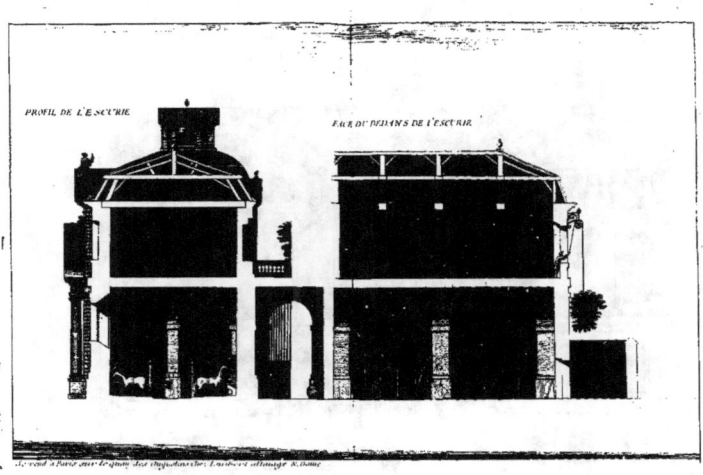

PROFIL DE L'ESCURIE.

FACE DU DEDANS DE L'ESCURIE.

Se vend à Paris aux le quai des Augustins chez Lucas et alliance N. Dame.

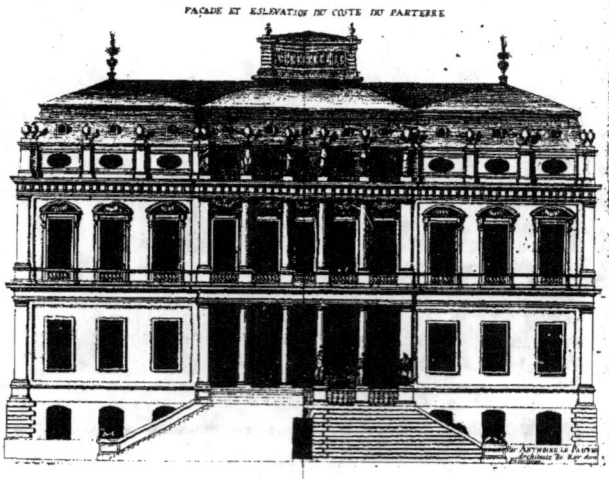

FACADE ET ESLEVATION DU COSTE DU PARTERRE

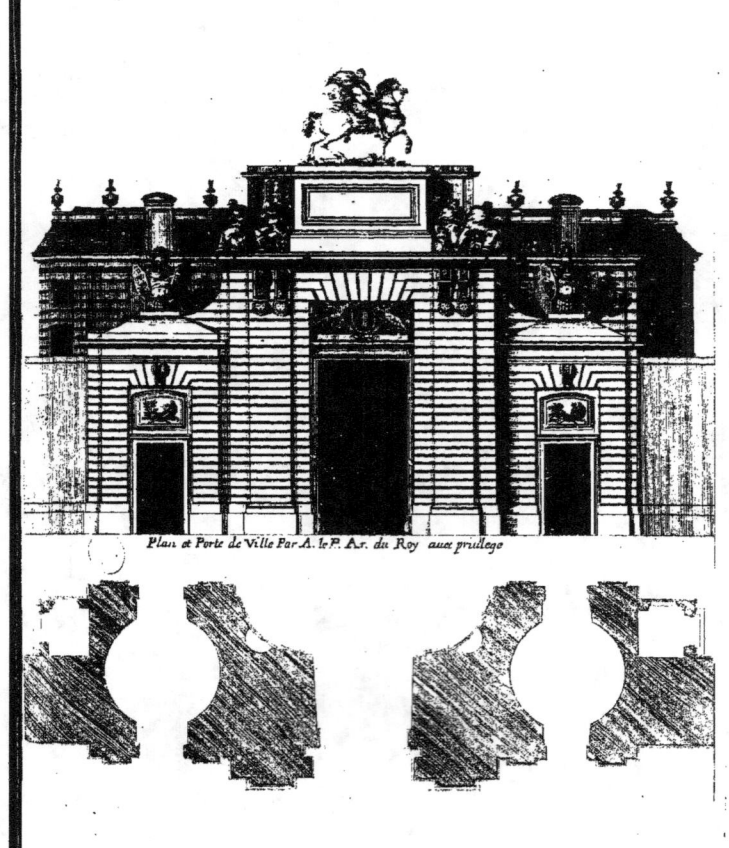

Plan et Porte de Ville Par A. le P. Ar. du Roy avec privilege

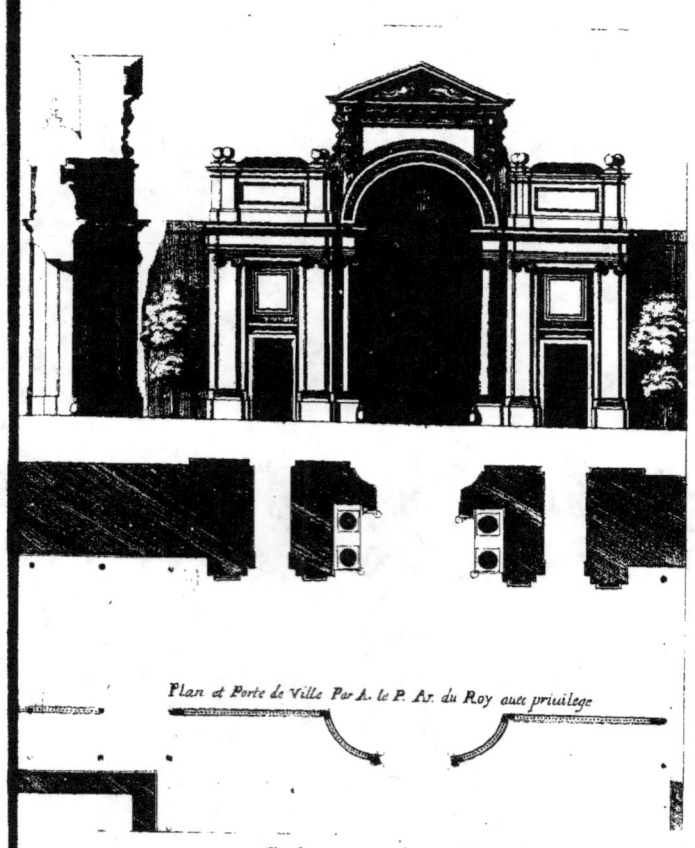

Plan et Porte de Ville Par A. le P. Ar. du Roy auec priuilege

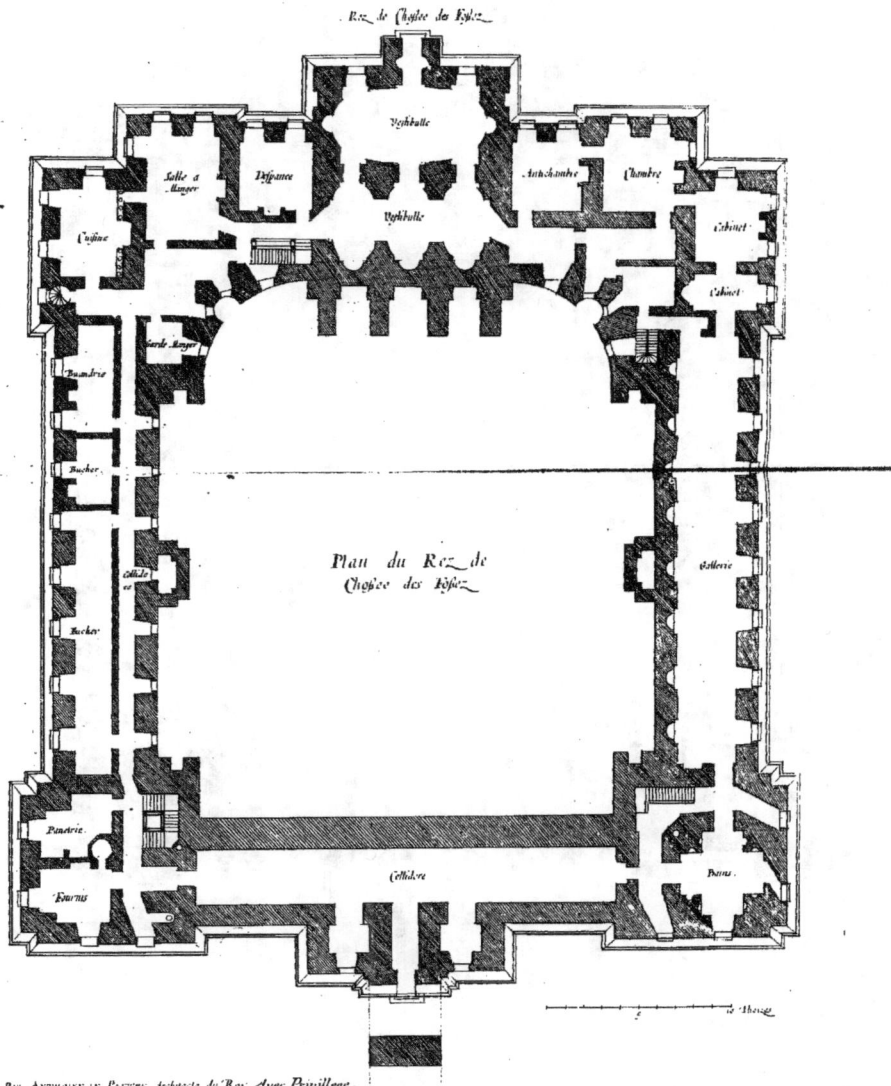

Rez de Chaßee des Foßez

Veßibulle

Salle a Manger   Deßpance   Antichambre   Chambre

Veßibulle

Cuißine   Cabinet

Garde Manger   Cabinet

Buanderie

Bucher

Gallerie

Plan du Rez de
Choßée des Foßez

Cellule
et

Bucher

Paneterie

Bains

Fournis   Cellidere

Par Antuoine le Pautre Architecte du Roy. Auec Prinillege.

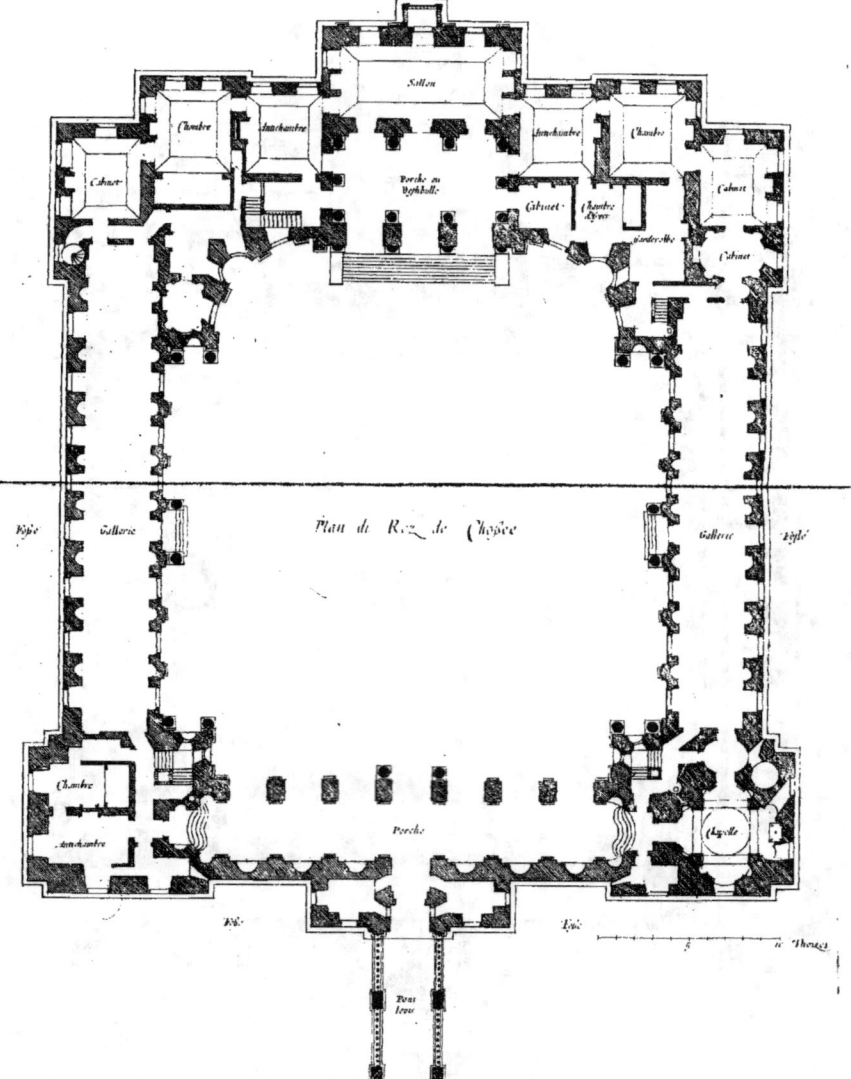

Plan du Rez de Chaussée

Par ANTHOINE LE PAUTRE Architecte du Roy Auec Priuillege

DISCOURS SEPTIEME.

ET édifice est un Château, dont la situation est au bord d'une riviere ; & apparemment ce dessein n'a pas été fait sans sujet : mais comme il n'est pas venu à notre connoissance en quel endroit il pouvoit être bâty, il faut seulement remarquer que le terrain étoit assez égal, vû l'étenduë du bâriment, & la partie des jardins qui paroît, qui sont assez de niveau, excepté les terrasses. Il y a cinq planches pour representer ce Château, sçavoir le plan du bas étage au niveau du fond des fossez, celuy du rez de chaussée au niveau de la cour, & le profil des ailes ; un autre profil de toute la maison sur sa longueur, avec l'élevation d'un des côtez de la cour ; une élevation en perspective du bâtiment vû d'un des angles, & une autre élevation scenographique du Château, & d'une partie des jardins, vû du côté qui regarde la riviere.

Quant à l'exposition de cet édifice, il n'auroit pas été facile d'en disposer, parce qu'elle s'est trouvée déterminée par le canal de la riviere. La principale façade n'a point de parterre, & la riviere bat au pied par les dehors, qui sont les fossez, les terrasses, jardins & avant-cour, & par les dedans, que l'on entend le bâtiment même avec sa cour. Les fossez qui environnent le Château sont à telle hauteur, que dans l'Eté, lorsque la riviere est la plus basse, il n'y auroit que le petit canal qui luy sert de cuvette, qui seroit rempli d'eau ; & si cette riviere étoit sujette au débordement, elle pourroit inonder le bas étage, parce qu'il n'y a que sept à huit pieds du fond des fossez aux appuis des croisées. Les terrasses qui renferment les parterres de chaque côté, & qui sont élevées, servent de contrescarpe aux fossez, & de murs de clôture aux jardins, dans lesquels on descend par des degrez qui sont vis à vis les portes des côtez de l'avant-cour ; & ces terrasses n'ont été faites que pour former le fossé, & par consequent tirer le bâtiment hors de l'eau, qu'il n'eût pas pu éviter, à cause que le terrain est trop plat pour l'en pouvoir garantir.

Comme il n'y a point de plan general de l'étenduë du parc, on ne voit point de basse-cour, qu'il faut supposer à côté des avenuës. L'avant-cour n'a point de bâtiment, elle est enfermée dans les murs avec une demi-lune en dedans ; & si elle avoit autant de profondeur qu'elle paroît avoir de largeur, elle seroit d'une grande étenduë, parce qu'elle est aussi large que la face du Château avec les fossez. Le pont qui a près de quatre toises de largeur, est interrompu dans le milieu par un pont de bois, qui se peut abaisser en bascule contre la pile du côté du Château. Cette partie mouvante du pont n'a pas tant de largeur que le pont de pierre, & il s'en faut de chaque côté la longueur des piedestaux où il y a des sphinges ; ainsi il luy peut rester environ douze ou treize pieds de large. L'avant-cour outre son étenduë a encore une place avancée devant que d'arriver au pont.

Ce Cayer se met entre les Planches 49. & 50.   H

La profondeur des Fossez est égale à la hauteur du bas étage, qui est terminée au cordon, qui retient ce nom, quoiqu'il ne soit pas rond comme celuy des forteresses & des quais, parce qu'il est à la même place, & c'est un plinthe orné de poftes. L'escarpe & la contrescarpe ont assez de fruit, ce qui est necessaire pour la solidité de l'empattement de l'édifice. Cependant au Château de S. Germain en Laye, qu'a fait bâtir François Premier, il n'y a point de fruit, & outre outre que cette maniere n'est pas si solide, elle est desagreable à la veüe. Toutefois anciennement on faisoit les murailles des Villes & Châteaux à plomb, & on se contentoit de faire des retraites par assises, avec de petits glacis pour leur donner de l'empattement; & l'usage d'à present est different de cette construction, en ce que le bas du mur jusqu'à sa retraite est à plomb, & le reste est incliné en dedans. Or la regle du fruit que doivent avoir ces murs, est de deux ou trois poûces pour toise aux forteresses : à l'égard des quais, ils n'en doivent pas tant avoir, parce que le courant de l'eau resiste en quelque maniere à la poussée des terres; il faut aussi prendre garde que le talus ne soit trop sensible, comme il paroît en ce dessein, parce qu'il semble que le bâtiment s'affaisse. Les tableaux des croisées bouchées ne sont pas paralleles, les feillures en étant à plomb.

Tout le corps du bâtiment a près de 42. toises de face sur 54. de profondeur; il est flanqué de quatre pavillons, & le corps de logis sur la riviere avance au delà de deux pavillons, par deux avant-corps de chaque côté de 18. pieds chacun, & un petit au milieu d'environ 9. pieds; outre qu'à la face de devant il y a un autre avant-corps de dix à onze toises de large.

La plus grande partie du bas étage est destinée pour l'usage de la maison, & on y entre pardevant sous une arcade du pont, la plus proche du bâtiment, & par le milieu de la façade du côté de la riviere. Toutes les pieces de cet étage ne reçoivent du jour que par dehors, parce qu'elles sont adossées contre le terreplain qui forme l'aire de la cour; & quoiqu'au corridor de l'aile gauche, & aux enfoncemens circulaires il y paroisse des fenêtres, on doit croire que ce ne peut être que par des abajours & soûpiraux, dont les ouvertures ne paroissent ny dans les élevations, ny dans les profils de la cour, & qui ne devroient pas être marquez dans ce plan. Le pont & le petit avant-corps où est la porte de ce bas étage du côté de la riviere, sont decorez de bossages, & il en faudroit encore aux encoignures des pavillons, parce que ces bossages rustiques semblent consolider les extremitez; ce qui a été pratiqué fort à propos au portail du Louvre, & aux deux ailes, dans la partie basse qui doit former le fossé.

Les murs de cet étage sont d'une grand épaisseur, non seulement parce que du côté de la cour il faut qu'ils retiennent la poussée des terres, & que du côté du fossé ils doivent resister aux débordemens de la riviere, mais aussi parce qu'ils servent de base à l'édifice; de sorte que ces murs, au droit de leur empattement, doivent avoir de largeur près du double de ceux du rez de chaussée. Pour ce qui est des murs qui doivent retenir les terres, il faut qu'en dehors ils ayent des eperons ou arcsboutans, selon l'avis de Vitruve, quand même il y auroit du logement, comme dans ce bas étage, qui retient mieux qu'un mur simple, parce qu'en cette occasion ces eperons sont en dehors, & dans les terres maſſives, ce qui eſt meilleur que beaucoup d'epaiſſeur, comme elle eſt icy au mur du corridor ſous l'entrée, qui a près de dix pieds, d'autant que ces eperons, ſans les faire ny ſi ſerrez ny ſi ſaillans que Vitruve le conſeille, diviſant la terre en pluſieurs parties, qui n'é- tant pas unies enſemble, pouſſent les murs avec moins de violence, comme on voit par comparaiſon, lorſqu'on met aux fenêtres du dôme d'une Egliſe, ou de quelque edifice extremement elevé, des chaſſis de fil de fer, eloignez des vitres d'un pied au moins, ce qui n'eſt pas pour les garantir des coups de pierres qui n'y pourroient atteindre, mais afin que les tourbillons de vent qui viennent avec impetuoſité, ſoient partagez en tant de petites parties, qu'ils ne puiſſent enfoncer les paneaux en plomb. Les quatres piles qui ſont devant le pied du mur de face du fond de la cour, repreſentent aſſez ces eperons, mais ils n'ont pas été faits à cette fin, le mur en cet endroit étant plus épais qu'en aucun autre, mais pour porter les degrez par où on monte dans le veſtibule.

Le corridor qui eſt ſous le portique de l'entrée, ne reçoit du jour que par deux fenêtres de la porte qui eſt devant une des piles du pont. Le pa- villon qui eſt à droite en entrant, eſt occupé par une ſalle de bains, & toute l'aile n'eſt qu'une galerie. Quant à l'autre pavillon de l'aile qui le ſuit, ce ſont des pieces pour les neceſſitez de la maiſon, auſquelles un petit corridor donne entrée à toutes ſeparément. Pour les pieces qui ſont ſous le corps de logis, d'un côté eſt la cuiſine, la dépenſe & la ſalle à manger, qui eſt plutôt une ſalle du commun, dans l'endroit où elle eſt; & de l'autre eſt l'appar- tement du bain, auquel la galerie ſert de communication. Le veſtibule eſt double, & celuy de derriere eſt comme une grotte pour ſe repoſer au frais pendant la chaleur du jour.

L'etage du rez de chauſſée répond dans toute ſon étenduë à celuy de deſ- ſous. Le pont eſt de niveau avec la cour, & aux deux côtez de l'entrée il y a deux chambrettes pour les ſentinelles de la garde du Château. La fermeture de la porte eſt dans le milieu de l'allée, ce qui fait un enfoncement qui ſert de petit porche devant la porte. Derriere la façade de l'entrée il y a un portique de ſept arcades, par où on entre à droite dans la chapelle, qui répond ſur les bains, & à gauche dans un logement, qui pourroit ſervir au Capitaine ou Concierge du Château. Les deux ailes ſont occupées par deux grandes galeries egales en largeur, ayant plus de vingt pieds; mais differen- tes de longueur, puiſque celle de l'aile droite a quatre toiſes plus que l'au- tre qui en a vingt-cinq : elles ont leur entrée par le milieu des côtez de la cour. L'une de ces deux galeries peut ſervir d'orangerie, ou être partagée en deux appartemens.

Le corps de logis du fond de la cour eſt compoſé d'un veſtibule, d'un ſallon, & de deux grands appartemens. La cour eſt terminée par deux par- ties circulaires, & le corps de logis a un avant-corps dans le milieu, par le- quel on entre par trois portes egales dans le veſtibule, qui eſt orné de dix colonnes dans le plan, quoique dans l'élevation il n'y en ait que huit, celles des deux fonds étant retranchées, & à leur place il y a des ſtatuës, ainſi qu'il paroît dans le profil ſur la longueur. Ces colonnes ſont de même ordre &

H ij

grandeur que celles de la cour. Le sallon a de longueur deux fois sa largeur, qui est de près de cinq toises. L'appartement de l'aile droite a plus de pieces que celuy de l'aile gauche; & les trois principales de chaque côté, qui ont des veuës sur la riviere, ont des plat-fonds avec des courbes. Il n'y a point de grand escalier dans ce Château, parce que les appartemens considerables sont au rez de chaussée de la cour. Les petits escaliers qui sont en differens endroits, servent à monter dans un petit etage carré en maniere d'entresolle, & dans les combles, où il peut y avoir un etage en galetas, sur les appartemens seulement, les combles des ailes n'étant que de petits greniers.

L'exterieur de ce Château n'a pas beaucoup d'ornemens, & conserve assez de grande maniere. L'entrée est decorée d'un ordre Dorique avec deux colonnes, qui ne paroissent pas dans le plan, & des bossages couvrent le reste de l'avant-corps, dont la couverture des deux côtez est faite de dalles de pierres à joints recouverts. Le sallon qui forme un avant-corps sur la façade qui regarde la riviere, a quatre pilastres Doriques egalement espacez, & les trois frontons de ses croisées sont angulaires; mais aux ailes ils sont alternativement cintrez & angulaires. Outre une double retraite au pied de cet etage, les appuis des croisées regnent en plinthe, & les tablettes d'appuy sont portées par des consoles. Le petit etage carré a ses fenêtres mezanines dans une espece de frise, avec une corniche de couronnement de la hauteur de l'entablement Dorique; cette frise ayant une grande saillie au delà du vif du mur, sans quelque moulure au dessous, rend cet entablement pesant. Le plinthe qui regne au droit des frontons est de la hauteur de leurs corniches, comme on en voit un pareil derriere le vieux Louvre, qui a la même cimaise des frontons. Or c'est un abus de faire regner un plinthe ailleurs qu'au droit des planchers, puisqu'il n'est fait que pour marquer par dehors les hauteurs des etages, & interrompre ce grand vuide qui seroit depuis le bas jusques au haut du mur de face d'une maison.

La cour a trente toises de longueur sur vingt-sept de largeur; elle est d'une grande étenduë à proportion de la hauteur du bâtiment, qui n'a d'élevation que le quart de sa largeur, sans y comprendre les combles. L'ordre Dorique regne à l'entour, dont la distribution paroît juste, nonobstant les avant-corps des angles, & les parties circulaires des fonds de la cour. Les entre-colonnemens sur les arcades sont égaux, & de trois triglyphes sur le vuide de l'architrave, excepté les avant-corps avec des colonnes, que forment les pavillons de devant, & qui ont leurs respectifs au fond de la cour, parce qu'il n'y a qu'un triglyphe sur l'entre-colonnemens. Il faut toutefois observer, que les trois arcades qui sont dans la partie circulaire de la cour, paroissent égales dans l'élevation, autant qu'on en peut juger par le nombre égal des triglyphes & metopes, & ne le sont pas dans le plan, où l'arcade qui est en niche, pour y trouver deux croisées, est plus large que les entre-colonnemens des côtez qui n'ont point de plan d'arcade. Ainsi cet ordre qui étoit assez bien conduit dans la distribution de sa frise au reste de la cour, s'est trouvé defectueux dans ces parties circulaires, qui sont fort difficiles à bien pratiquer, & dont il faut chercher avec le compas une partie de la circonference egale à la ligne droite d'une même distribution.

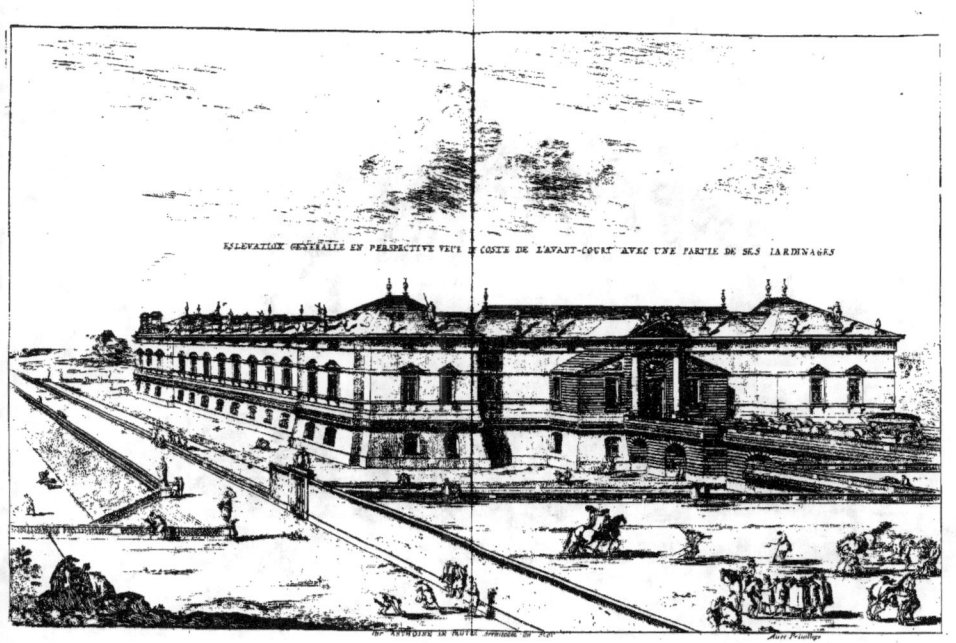

ELEVATION GENERALLE EN PERSPECTIVE VEUE D'COSTE DE L'AVANT-COURT AVEC UNE PARTIE DE SES IARDINAGES

Par ANTHOINE LE ROUX Architecte du Roy   Avec Privillège

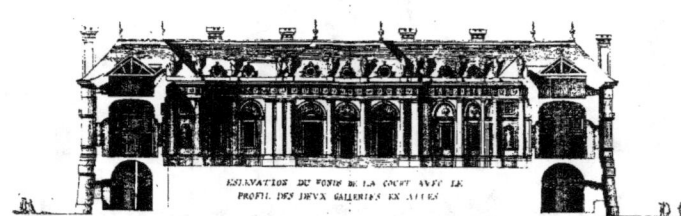

ELEVATION DU FONDS DE LA COURT AVEC LE
PROFIL DES DEUX GALLERIES EN AILES

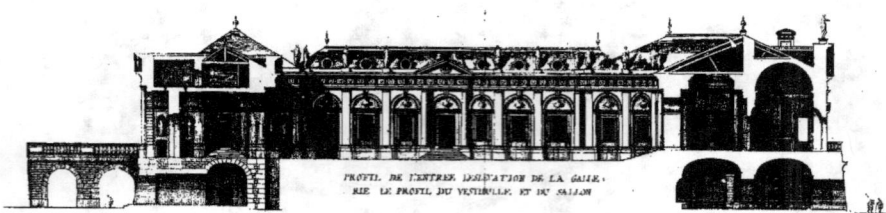

PROFIL DE L'ENTREE ELEVATION DE LA GALLE:
RIE LE PROFIL DU VESTIBULE ET DU SALLON

Par ANTHOINE LE PAUTRE Architecte du Roy
Avec Privillege

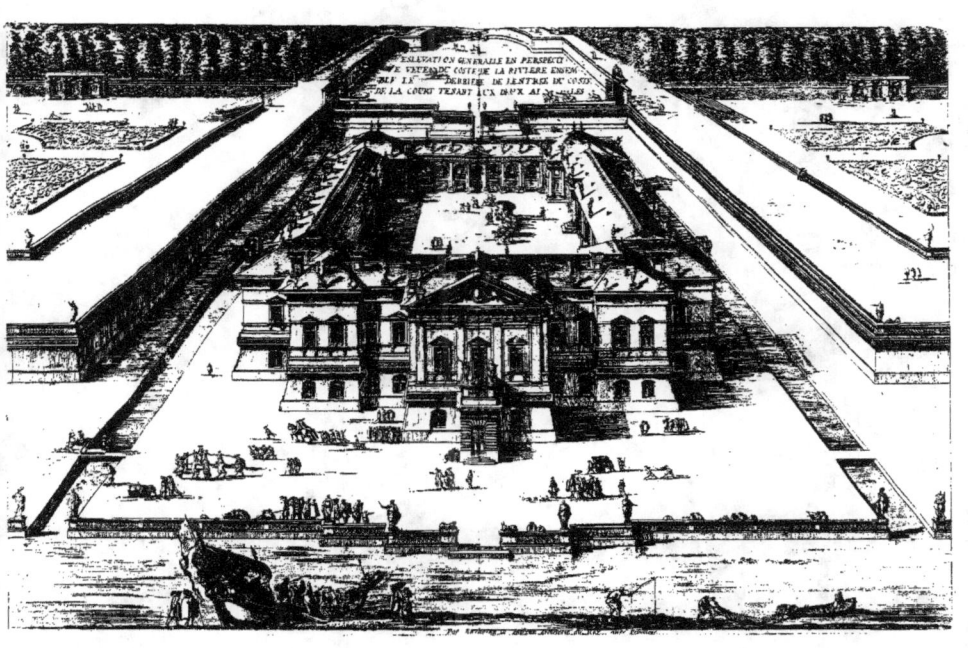

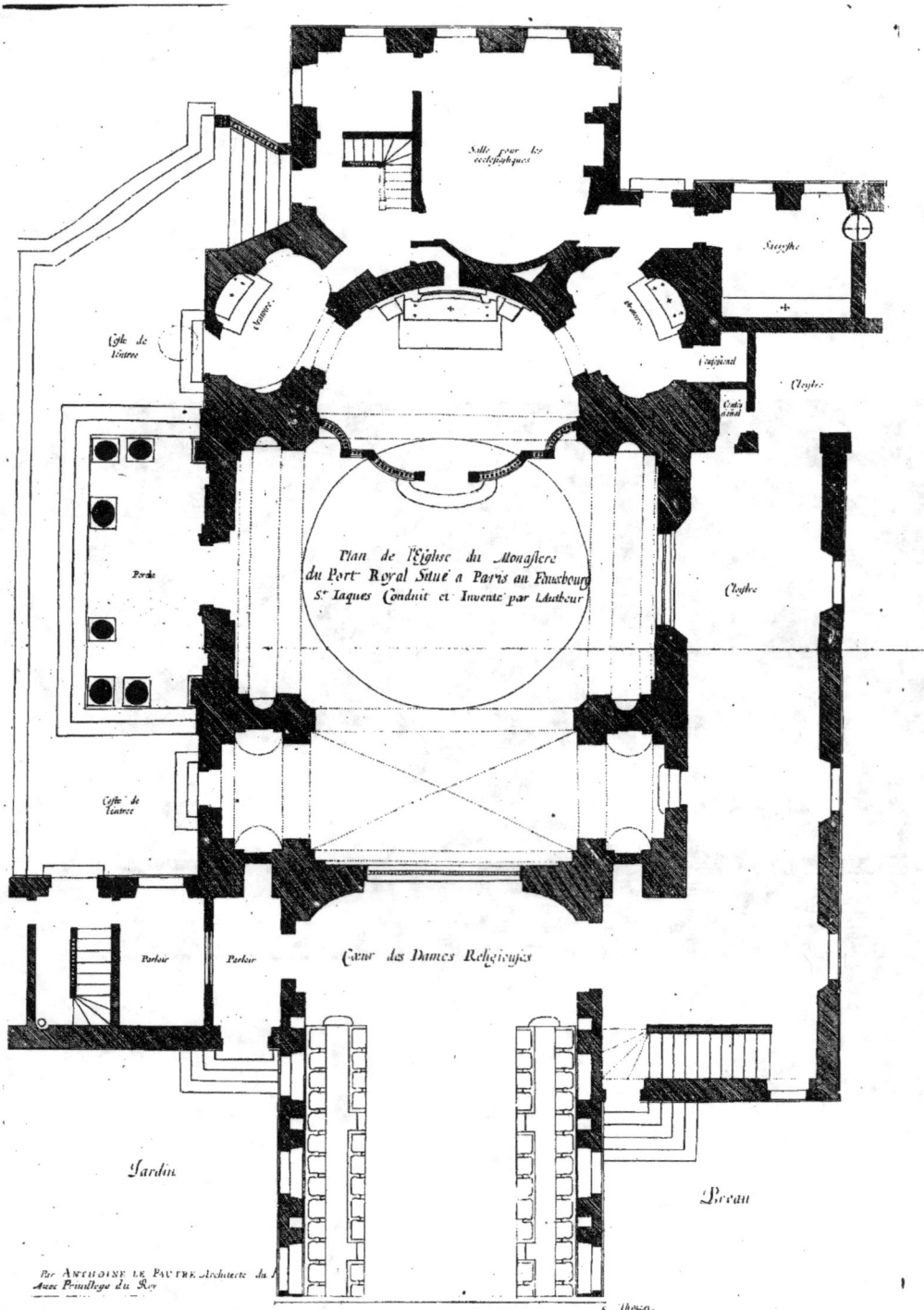

Salle pour les ecclesiastiques

Sacrestie

Cloistre

Cloistre de l'entree

Choeur

Choeur

Confessional

Confessional

Porche

Plan de l'Eglise du Monastere
du Port Royal Situé a Paris au Fauxbourg
St Iaques Conduit et Inventé par l'Autheur

Cloistre

Costé de l'entree

Parloir   Parloir   Coeur des Dames Religieuses

Jardin   Preau

Par ANTHOINE LE PAVTRE Architecte du
Avec Priuilege du Roy

Thoises

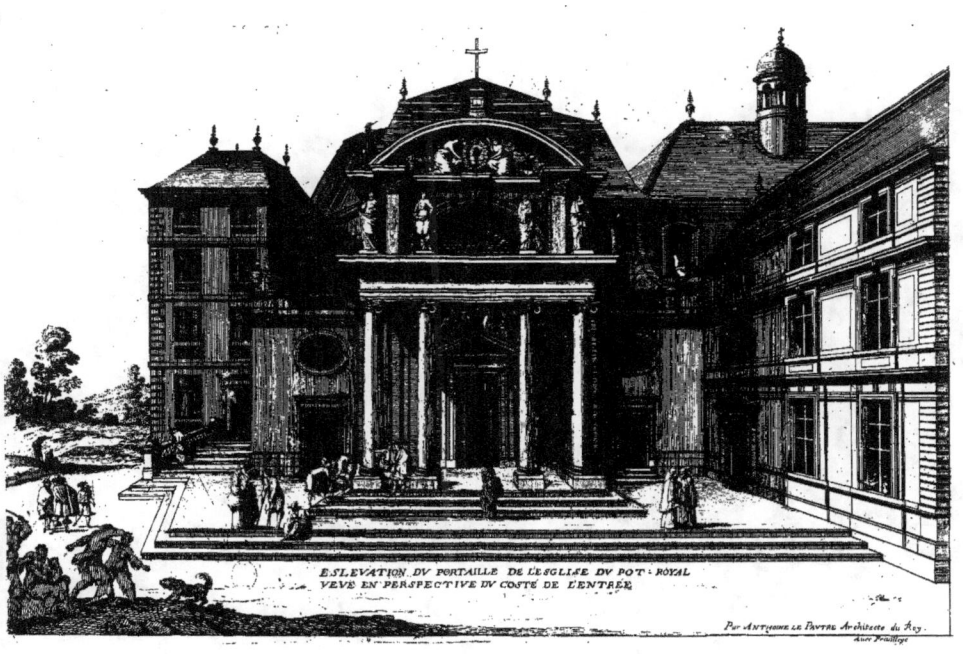

ESLEVATION DV PORTAILLE DE L'ESGLISE DV POT.ROYAL
VEVE EN PERSPECTIVE DV COSTE DE L'ENTREE

Par ANTHOINE LE PAVTRE Architecte du Roy.
Auec Priuillege

35

DISCOURS HUITIEME.

E huitieme & dernier Deſſein eſt celuy de l'Egliſe du Mona-
ſtere du Port-Royal au fauxbourg S. Jàques. Cinq planches en
font voir les parties, ſçavoir le plan au rez de chauſſée, l'élevation du portail, le profil ſur la largeur de l'Egliſe, un autre
profil ſur la longueur, & l'élevation de la moitié du portail,
avec un profil de la moitié de l'Egliſe, & d'une partie du Monaſtere ; le
tout en perſpective.

Le deſſein de cette Egliſe eſt le ſeul du Livre, qui ait été mis en œuvre ;
il eſt different de l'ouvrage, en ce qu'il n'a point de porche ny de ſtatuës,
& que les trompes & la coupe en dedans n'ont point de ſculture, ces ornemens ayant été retranchez pour éviter la dépenſe. Quoique cette Egliſe ne
ſoit qu'une Chapelle de Monaſtere, elle ne laiſſe pas d'être d'une proportion fort agreable dans ſon peu de capacité. La principale entrée eſt ſur le
flanc, comme celle preſque de toutes les Egliſes de Religieuſes, parce qu'il
faut que le chœur regarde le grand autel, du moins autant qu'il ſe peut
faire. L'ordre qui eſt Ionique, eſt le même dedans que dehors ; le chapiteau
en eſt angulaire, & l'entablement Corinthien avec modillons ſans denticules ; & les pilaſtres des quatre piliers qui portent la coupe, ne ſont pas
briſez, mais terminent dans le maſſif, parce que ces piliers n'ont pas aſſez
de largeur, & ils ne pouvoient être au plus que d'un demy-pilaſtre de chaque côté, qui en eût formé un entier, comme il a été fait dans l'Egliſe de
S. Louis des PP. Jeſuites ruë S. Antoine. Il y a pluſieurs manieres de diſpo-
ſer les pilaſtres de ces piliers, dont les uns ſont de telle ſorte, que dans la
moindre largeur le pilaſtre ſe trouve entier briſé deux fois, & la face diagonale n'eſt que le tiers du diametre, dont les côtez font les deux autres où
les deux pilaſtres ſont briſez, & forment quatre demy-pilaſtres, dont deux
ſont ſur la diagonale, & les deux autres à angle droit, comme aux Egliſes
de la Sorbonne & de S. Jean des Florentins à Rome ; & cette maniere eſt
la meilleure, & celle que Michel-Ange a mis en œuvre dans l'Egliſe de S.
Pierre, & qui a été imitée au Val de Grace. Il faut obſerver que les faces
de ces pilaſtres tant diagonales que laterales, ont plus de largeur enſemble
que le pilaſtre entier, en ſorte qu'à ceux de S. Pierre il n'y a que ſept canel-
lures aux pilaſtres de front, & neuf à ceux qui ſont briſez ; ce qui ne ſemble point defectueux, quoique le Corinthien ſoit reduit entre huit & neuf
diametres de hauteur. La coupe qui porte ſur la corniche des trompes eſt de
quatre toiſes deux pieds de diametre, & plus haute à l'ouvrage qu'elle ne
paroît icy ; & n'ayant point d'ouverture, elle ne reçoit du jour que des fenêtres de l'Egliſe, & elle ne s'éleve au deſſus de la corniche du couronnement des trompes pas même d'un zocle ou piedeſtail ; ainſi elle ne paroît pas
au deſſus du comble, dont les parties ſont diſtinguées avec plus d'exactitude,

i

que dans les autres édifices. Pour l'architecture du Monastere tant dans les dedans que les dehors, elle est fort simple; & dans le détail des parties de l'Eglise & de la maison, comme il y a beaucoup de choses changées, il est facile de connoitre que ces desseins ont été gravez devant que l'ouvrage ait été achevé: c'est pourquoy à cause du peu de remarques qu'on peut faire sur ce bâtiment, & qui peuvent être faites sur le lieu, on parlera des Temples en general, qui sont les plus nobles sujets de l'Architecture.

Les diverses religions ont été cause de la differente structure des Temples; & sans s'arrêter à ceux que le Paganisme a élevé aux Idoles, quoiqu'ils ayent été les premiers construits, & que la belle architecture en ait tiré son origine, comme ce qui nous en reste a été converty en un plus saint usage, & que depuis quelques siecles ces mêmes ordres qui servoient aux Temples de Diane d'Ephese, de Jupiter Olympien, & d'une infinité d'autres, par un heureux changement ont été employez dans nos Eglises: c'est pourquoy il ne les faut plus considerer que comme des ornemens accessoires & étrangers, qui ne sont employez que par raport aux Saints ausquels les Eglises sont dediées, comme l'ordre Dorique aux Martyrs, & l'Ionique & le Corinthien aux Vierges; la composition du Temple étant le principal objet de sa construction, & de la distinction du vray culte d'avec le faux.

La premiere observation qu'on fait lorsqu'on bâtit une Eglise, est l'exposition de sa face principale, qui doit être tournée vers le Couchant; ce qui n'est pas seulement recommandé par les Canons de l'Eglise, parce que le Temple de Salomon étoit ainsi exposé, mais même parce que les Payens l'ont observé le plus qu'il leur a été possible, & que Vitruve le conseille; & il n'y a que les seuls Mahometans qui negligent cette circonstance, parce qu'il suffit, lorsqu'ils prient, qu'ils ayent le visage tourné vers la Meque, où est le tombeau de leur faux Prophete. Cette exposition a été affectée aux vieilles Eglises avec tant de scrupule, que ceux qui les ont bâties ont preferé cette situation à quelque place ou grande rue, dont on pouvoit avoir un abord plus facile, & un aspect plus agreable: ce que les modernes n'ont pas suivy si religieusement, tant à cause des magnifiques portails qu'ils ont faits, qu'il est necessaire de considerer d'une distance proportionnée à leur hauteur, que parce que le chevet étant tourné du côté d'une grande rue, le bruit des passans pouvoit interrompre ceux qui font leurs prieres dans le Sanctuaire. Les Eglises doivent être isolées, autant qu'il se peut faire; de sorte que si elles sont jointes à quelque autre edifice, il faut que ce ne soit qu'au Monastere ou Seminaire des Prêtres qui les desservent; ce qui est non seulement à observer, afin de jouïr de la vue des dehors du Temple, mais parce qu'il est indécent que des maisons profanes ayent quelque communication avec celles qui sont destinées à l'honneur de Dieu.

Quant à la forme des Eglises, elle est differente, si elles sont Paroisses, ou de Monastere. Les Paroissiales ont toujours plus d'étenduë, à cause de la quantité du peuple qui s'y doit trouver, & des divers lieux pour l'administration des Sacremens. Les unes & les autres se divisent en deux parties, qui sont la nef & le chœur. La nef est commune aux Prêtres & aux Laïques, & le chœur n'est que pour ceux qui font l'office, & fait ordinaire-

ment partie du Temple, comme dans toutes les Paroiſſes & Convens de Religieux; & quelquefois il en eſt ſeparé, ainſi qu'aux Monaſteres de Filles.
Dans toutes les Egliſes que nous appellons Gothiques, la nef eſt ſeparée du
chœur avec tant de diſtinction, qu'il ſemble que ce ſoit deux Egliſes; le Jubé
qui eſt interpoſé entre l'un & l'autre, ſert pour chanter les Evangiles, afin
que tout le peuple les puiſſe entendre : toutefois cette maniere n'eſt plus en
uſage dans les Egliſes modernes, parce qu'on a remarqué qu'outre que cette
ſeparation diminuoit l'étenduë du lieu & de la voix, elle empéchoit encore
que ceux qui ſont dans la nef puſſent voir le ſacrifice & les ceremonies; ainſi
on s'eſt contenté de faire ſeulement une clôture de la hauteur des chaires des
Prêtres, avec quelques ouvrages de fer au deſſus, qui laiſſant la vûë libre,
ferment aſſez le chœur pour en defendre l'entrée, lorſqu'il y a quelque ce-
remonie extraordinaire. Quoique dans les Egliſes bien deſſervies il ſoit neceſſaire que le chœur ſoit ſeparé de la nef, il y en a peu à Rome de cette
maniere; de ſorte que dans l'Egliſe de S. Pierre il faut bâtir un chœur avec
des tapiſſeries, lorſqu'il y a Chapelle Papale, parce que le chœur des Cha-
noines, où ſe fait l'office ordinaire, n'eſt que pour le Clergé; & ce qui eſt
preſque ainſi dans toutes les autres Egliſes de Monaſteres, qui ſont bâties depuis un ſiecle, parce que les Religieux ſe retirent au derriere le grand autel,
ou dans quelque Chapelle, afin de laiſſer l'aire du Temple libre, où il n'y a
ny bancs, ny œuvre, ny chaire à précher, qui en diminuent la grandeur.
Auſſi cette maniere, qui eſt pratiquée par toute l'Italie, rend les Egliſes les
plus beaux edifices des villes; & celle de S. Pierre du Vatican n'eſt pas ſeulement la plus belle qui ſoit aujourd'huy, mais elle ſurpaſſe les plus fameux
Temples dont il nous reſte des veſtiges ou des memoires.

Pour les proportions que doivent avoir les Temples, elles ſont auſſi differentes, que leur ſtructure eſt diverſe; & il étoit facile aux Payens de re-
gler ces proportions, parce que ce n'étoit que quatre murs qui enfermoient
l'étenduë de la partie qu'ils appelloient *Cella*, & qui n'étoit ornée que de
quelques ſtatuës, donnant toute la magnificence aux dehors, & faiſant des
porches & portiques ſimples ou doubles, & dont la compoſition étoit ai-
ſée, comme on le peut voir tant par les anciens Temples qui étoient ronds
ou carrez, qui reſtent, que par les écrits de Vitruve; ils evitoient les enta-
blemens recoupez, & les avant-corps, puiſque le nombre pair des colonnes
ne ſe rencontre qu'au porche, & les parties laterales les ayant ordinairement
en nombre impair; auſſi le pourtour du Temple renfermé dans quatre lignes
droites ou une circulaire, conſervoit davantage la maſſe de l'edifice, & luy
donnoit de la ſolidité, à quoy contribuoient les entre-colonnemens ſerrez,
puiſqu'on remarque peu d'architrave, avec des clavaux ſur des colonnes
iſolées, les faiſant d'une ſeule pierre, & le plus ſouvent de marbre. Ceux
qui ont bâty les Egliſes Gothiques, ſe ſont efforcez de rendre leurs ouvrages durables, & les faiſant paroître ſurprenans, en faire concevoir autant
d'admiration que de reſpect; ils ont tellement réüſſi dans ce genre de bâtir,
que ces ouvrages qui ſubſiſtent depuis pluſieurs ſiecles, leur ont acquis la
reputation d'être les plus hardis ouvriers qui ayent élevé des edifices. Ils ont
auſſi mis les ornemens au dehors avec profuſion, parce qu'ils ont ſuppoſé

que les dedans devoient être ornez de tapisseries & de tableaux. Dans leurs proportions ils ont eu égard à l'harmonie que doivent avoir les Temples, lorsqu'on y chante, & ont negligé pour ce sujet les plus belles regles du Dessein, qu'il est difficile d'accorder avec celles de la Musique; aussi leur largeur & longueur ne sont point proportionnées à leur hauteur, de sorte qu'il se trouve des Eglises qui ont en hauteur de nef près de trois fois leur largeur, bien qu'elles ne doivent avoir que deux fois : & quoiqu'ils les ayent percées de beaucoup de fenêtres, elles sont toutefois obscures, à cause des roses & croisillons de pierre, & des vitres peintes, en quoy ils faisoient consister leur magnificence. Ils ont fait avec raison le plan de leurs Eglises en croix, ce qui a été pratiqué dès que Constantin a fait construire ses Basiliques; outre que cette figure est mysterieuse, elle donne idée de rendre le plan aussi ingenieux que grand, & s'accommode aux usages du culte de notre religion; parce qu'on peut mettre dans la croisée ou des portes, ou de grands autels. Mais ce qui acheve de rendre nos Eglises admirables, & en quoy elles surpassent les Temples de l'antiquité, ce sont les dômes qu'on éleve sur quatre trompes, lesquels quoique surprenans sont portez avec autant de solidité, que s'ils étoient fondez à plomb dans l'étenduë de leur circonference comme le Pantheon. Cette maniere a été inconnuë aux anciens, & les plus vieux qui subsistent sont ceux de Sainte Sophie à Constantinople, de S. Marc à Venise, de S. Antoine à Padoüe ; & il y en avoit à Rome avant que l'Eglise de S. Pierre fût commencée, puisqu'il s'en trouve un sur le milieu de la grande salle de l'Hôpital du S. Esprit, & un autre dans l'Eglise de Notre-Dame du Peuple.

Les plus belles proportions ne consistent pas dans les minuties, dont certains Architectes pretendent que leur art dépend, & font autant de mysteres qu'il y a de regles. Ces proportions se trouvent dans le sesquialtere le double, le triple & le quadruple, selon la relation que doivent avoir les parties au tout ; & ceux qui ont bien observé les bâtimens antiques, & particulierement le Pantheon, les y ont trouvées; & on remarque toujours que la plus belle arcade est celle qui a le double de sa largeur, & la plus belle colonne la juste quantité des modules de son ordre, les minutes n'étant considerables que dans le détail des moulures. Pour la quantité des ornemens, outre qu'elle coûte beaucoup, elle diminuë souvent la grandeur du lieu qu'elle decore, & il y a plusieurs ouvrages, dont la richesse altere la regularité. Il y a enfin des personnes qui s'imaginent que le merveilleux d'un edifice dépend d'un enchantement, dont le jugement ne peut pas rendre raison, parce qu'il est surpris par les yeux, & que cette surprise est causée par l'abondance des ornemens, & la rareté de la matiere, sans faire reflexion qu'il n'y a que les belles proportions qui impriment le respect & l'étonnement dans les esprits intelligens, & que plusieurs Eglises de Naples, avec la profusion de l'or & des marbres, sont inferieures en beauté à celle de Sainte Justine de Padoüe avec la simple blancheur de ses murs.

EXTRAIT DU PRIVILEGE DU ROY.

PAR Privilege du Roy, donné à Paris le 28. jour de Decembre 1691. signé CROISAT, il est permis au sieur Antoine le Paulere de faire imprimer ses Ouvrages d'Architecture durant le temps & espace de vingt années, avec defenses à tous autres qu'à ceux qui auront droit de luy, de les imprimer, sur les peines portées dans ledit Privilege.

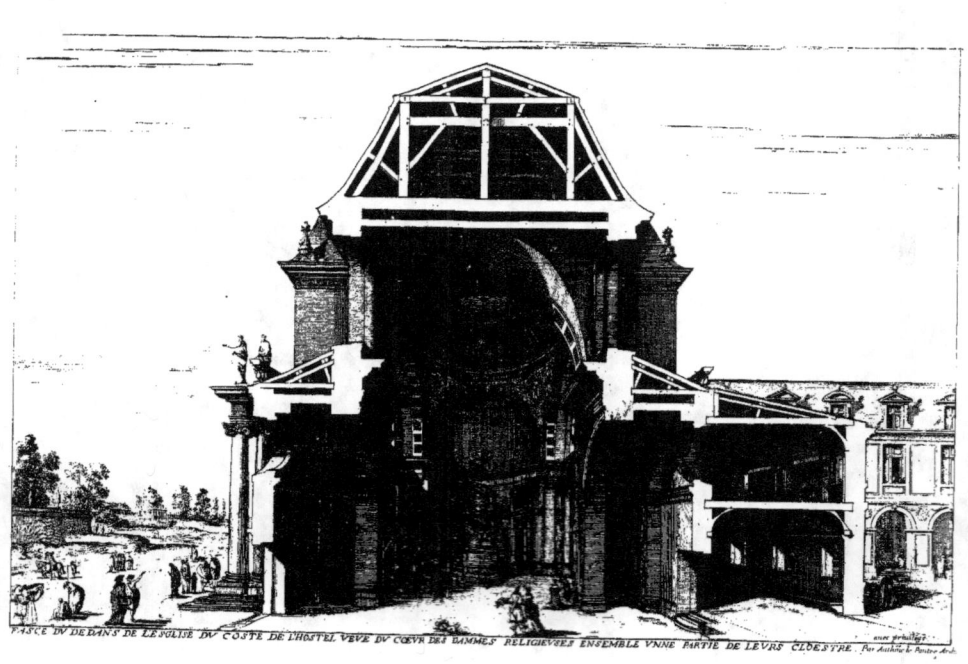

FASCE DV DEDANS DE LEGLISE DV COSTE DE L'HOSTEL VEVE DV CŒVR DES DAMMES RELIGIEVSES ENSEMBLE VNNE PARTIE DE LEVRS CLOESTRE. Par Anthoine le Poutre Arch.

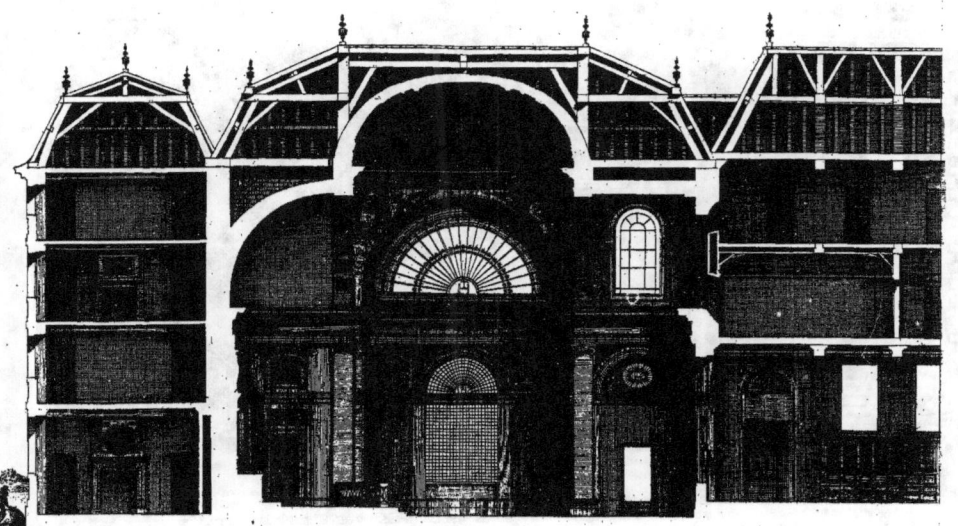

PROFILE DV LOGEMENT DES ESCLESIASTIQVES AVEC LE PROFILE DE LA LONGEVR DE L'EGLISE ET PARTIE DV CŒVR DES DAMMES RELIGIEVSES

Par ANTHOINE LE PAVTRE Archi du R*

Auec Priuillege.

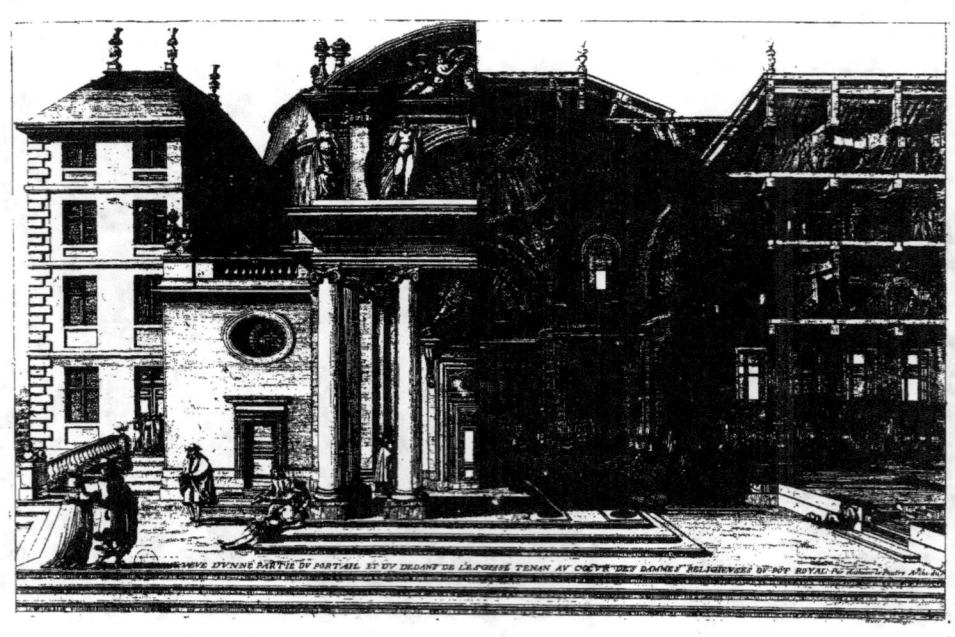

VEVE D'VNNE PARTIE DV PORTAIL ET DV DEDANT DE L'EGLISE TENAN AV CŒVR DES DAMES RELIGIEVSES DV POT ROYAL

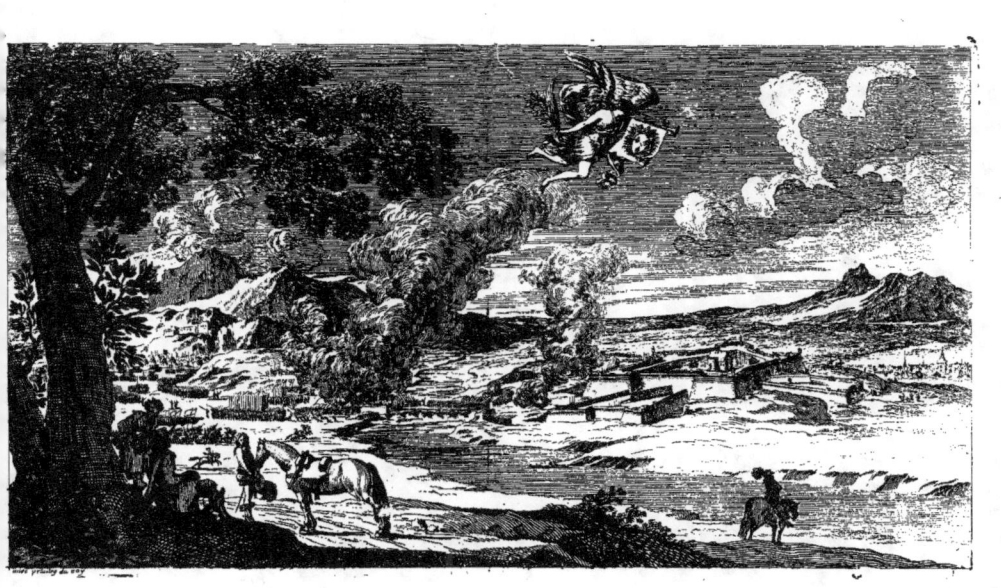

www.ingramcontent.com/pod-product-compliance
Lightning Source LLC
Chambersburg PA
CBHW071556220526
45469CB00003B/1029